"闽西职业技术学院国家骨干高职院校项目建设成果"编委会

主　任：来永宝

副主任：吴新业　吕建林

成　员（按姓名拼音字母顺序排列）：

　　　　陈建才　董东明　郭　舜　李志文　林茂才

　　　　檀小舒　童晓滨　吴国章　谢　源　张源峰

闽西职业技术学院 国家骨干高职院校项目建设成果
——旅游管理专业

闽西旅游

李顺芳 ◎ 主编

厦门大学出版社 国家一级出版社
全国百佳图书出版单位

总 序

  国务院《关于加快发展现代职业教育的决定》指出,现代职业教育的显著特征是深化产教融合、校企合作、工学结合,推动专业设置与产业需求对接、课程内容与职业标准对接、教学过程与生产过程对接、毕业证书与职业资格证书对接、职业教育与终身学习对接,提高人才培养质量。因此,校企合作是职业教育办学的基本思想。

  产教融合、校企合作的关键是课程改革。课程改革要突出专业课程的职业定向性,以职业岗位能力作为配置课程的基础,使学生获得的知识、技能满足职业岗位(群)的需求。至 2014 年 6 月,我院各专业完成了"基于工作过程系统化"课程体系的重构,并完成了 54 门优质核心课程的设计开发与教材编写。学院以校企合作理事会为平台,充分发挥专业建设指导委员会的作用,主动邀请行业、企业"能工巧匠"参与学院专业规划、专业教学、实践指导,并共同参与实训教材的编写。教材是实现产教融合、校企合作的纽带,是教和学的主要载体,是教师进行教学、搞好教书育人工作的具体依据,是学生获得系统知识、发展智力、提高思想品德、促进人生进步的重要工具。根据认知过程的普遍规律和教学过程中学生的认知特点,学生系统掌握知识一般是从对教材的感知开始的,感知越丰富,观念越清晰,形成概念和理解知识就越容易;而且教材使学生在学习过程中获得的知识更加系统化、规范化,有助于学生自身素质的提高。

  专业建设离不开教材,一流的教材是专业建设的基础,它为课程教学提供与人才培养目标相一致的知识与实践能力的平台,为教师依据教学实践要求,灵活运用教材内容,提高教学效果,完成人才培养要求提供便利。由于有了好的教材,专业建设水平也不断提高,因此在福建省教育评估研究中心汇总公布的福建省高等职业院校专业建设质量评价结果中,我院有 26 个专业全省排名进入前十名,其中有 15 个专业进入前五名。麦可思公司 2013 年度《社会需求与培养质量年度报告》显示,我院 2012 届毕业生愿意推荐母校的比例为 68%,比全国骨干院校 2012 届平均水平 65% 高了 3 个百分点;毕业生对母校的满意度为 94%,比全国骨干院校 2012 届平均水平 90% 高了 4 个百分点,人才培养质量大大提升。

闽西职业技术学院院长、教授

2015 年 5 月

前　言

我院旅游管理专业的人才培养目标是立足闽西、辐射"海西"旅游服务行业，培养具有红土特质，能够运用旅游企业一线服务知识和技能进行对客服务，具备与客户沟通协调、进行旅游产品营销的能力，具备运用旅游企业管理理论进行企业运营和基层管理的能力，并具备良好的职业素养、较强的学习能力和适应能力，会接待、精导游、能计调、懂管理的技术技能型人才。"闽西旅游"是学生立足闽西、培养具有红土特质技术技能型人才的一门重要的课程，它要求学生掌握龙岩的市情概况、闽西主要的旅游资源、客家文化及红色文化的知识。本教材就是为这一需要而专门编写的地方性特色教材。

本教材通过对龙岩市情，闽西生态之旅，温泉度假之旅，黄金之旅，客家文化之旅，红色之旅，宗教文化之旅，乡村之旅，购物、美食、娱乐之旅，客家起源，客家人生礼仪，岁时节令民俗，客家服饰等内容的介绍，为读者提供了较为系统的闽西旅游的相关知识。

本教材是校企合作编写的教材，在编写过程中参考了不少专著，借鉴了不少文献资料，还得到闽西各县、市、区旅游局及闽西博物馆等单位的大力支持，在此一并表示感谢！

由于时间仓促，编者水平有限，书中疏漏之处在所难免，敬请专家、读者给予指正和谅解，不胜感激。

编者
2015 年 5 月

目 录

第一章 龙岩市、各县(市、区)情概况 1
第一节 龙岩市市情概况 1
第二节 各县(市、区)情概况 4
 一、新罗区概况 4
 二、永定区概况 6
 三、漳平市概况 7
 四、上杭县概况 10
 五、武平县概况 11
 六、连城县概况 12
 七、长汀县概况 14

第二章 闽西旅游资源概况 16
第一节 自然旅游资源 17
 一、生态之旅 17
 二、温泉度假之旅 44
 三、黄金之旅 46
第二节 人文旅游资源 47
 一、客家文化之旅 47
 二、红色之旅 68
 三、宗教文化之旅 79
 四、乡村之旅 81
 五、购物、美食、娱乐之旅 85

第三章 客家文化 102
 一、客家起源 102
 二、文化概况 103
 三、客家历史 103
 四、客家历史演变的四个阶段 104
 五、畲客关系 106
 六、客家精神 108
 七、客家节日 109

八、客家葬俗 ……………………………………………………………… 110
九、客家婚俗 ……………………………………………………………… 111
十、客家诞生礼仪 ………………………………………………………… 114
十一、客家服饰 …………………………………………………………… 115

参考资料 ………………………………………………………………………… 118

第一章
龙岩市、各县(市、区)情概况

第一节 龙岩市市情概况

龙岩市位于北纬24度23分～26度02分,东经115度51分～117度45分,地处台湾海峡西岸、福建省西部,通称闽西。东与福建省泉州、漳州两市接壤,西与江西省赣州市交界,南与广东省梅州市毗邻,北与福建省三明市相接,距厦门142公里(高速公路里程,下同)、泉州216公里、福州376公里。龙岩是距离厦门最近的内陆临海城市,也是海峡西岸经济区延伸两翼、对接两洲、拓展腹地的交通枢纽与重要通道。龙岩市地处中亚热带向南亚热带过渡带,属亚热带海洋性季风气候,冬无严寒,夏无酷暑,雨量充沛。全年气候温和,年平均气温18～20℃;雨量充沛,平均降水量1 031～1 369毫米;日照时数1 804～2 060小时;无霜期长,全年无霜期达300天以上,适宜亚热带作物和林木的生长。龙岩市1997年5月1日撤地设市。全市总面积19 052平方公里,现辖新罗区、永定区、漳平市和长汀、上杭、武平、连城五县,下设134个乡镇(街道办事处),1 912个行政村(居委会),2012年年末户籍总人口297.7万人、常住人口257万人。市政府设在新罗区,市辖区常住人口68万,城区建成区面积42平方公里。

龙岩是全国著名的革命老区,是第二次国内革命战争时期中央苏区的重要组成部分,长征出发地之一,七个县(市、区)均为中央苏区县,享有"二十年红旗不倒"的赞誉;是毛泽东思想的重要发祥地,1929年在上杭古田召开红四军第九次党代表大会,会上通过毛泽东起草的建党建军的纲领性文件《古田会议决议》。新中国成立后授衔的十大元帅中除徐向前外有九大元帅、十位大将中有八位、57位上将中有过半都曾在闽西战斗过;当年10万儿女参加红军,有在册烈士2.36万人;1955年—1965年间授衔的闽西籍将军68名、占福建籍将军总数的82%。胡锦涛同志2010年春节到龙岩考察时指出,闽西老区人民为中国革命付出了巨大牺牲、作出了重大贡献。

龙岩是福建重要的矿区、林区。龙岩的矿产资源品种多、储量大,已发现的矿物品种类有64种。金属矿种主要有铁、锰、铜、铅、锌、稀土、钼、钨、金等等,非金属矿种有煤、石灰石、大理石、高岭土、膨润土等等。全市已探明储量的矿种有33种,有15种矿藏探明储量占全省第一位,其中马坑铁矿是华东第一大铁矿,紫金山铜矿是全国第二大铜矿,东宫下高岭土是全国四大优质高岭土矿之一,煤炭、稀土储量均超过全省的一半。龙岩是福建三大林区之一,森林覆盖率73.1%,居全省设区市首位。

龙岩是海峡西岸新兴旅游区。永定客家土楼被誉为"世界建筑史上奇葩",被列入世界文化遗产名录,福建土楼·永定景区被评为国家5A级旅游景区。全省十大旅游品牌中,龙岩有古田会议旧址和永定客家土楼两大品牌。长汀是国家级历史文化名城,连城冠豸山被评为国家自然遗产和国家地质公园,梅花山被誉为"荒漠回归线上的绿色翡翠"。全市有1个国家5A级旅游景区、9个国家4A级旅游景区、2个国家级自然保护区、4个国家森林公园,形成了以古田会议旧址群为核心的红色旅游主题景区、以永定客家土楼为代表的海峡客家旅游主题景区和以冠豸山为重点的绿色生态旅游主题景区,以及9条精品线路、16个特色景点。

龙岩是享誉海内外的客家祖地和著名侨区。龙岩是客家民系形成的重要起点和重要聚集地,全市80%的人口是客家人,长汀被称为"客家首府",汀江被誉为"客家母亲河"。历史上有54个姓氏的居民迁往台湾,台湾现有的500万客家人中,祖籍龙岩的有70多万人。在外华侨华人、港澳台同胞累计超过120万人。著名侨领胡文虎先生、中国国民党荣誉主席吴伯雄先生等名人政要的祖籍地就在龙岩。

龙岩是海西加快崛起的新兴城市。2014年,全市实现地区生产总值突破1 621.21亿元,比上年增长9.7%;财政总收入261.69亿元,比上年增长5%,其中地方级财政收入119.84亿元,增长2.2%;城镇居民人均可支配收入26 153元,增长9.9%;农民人均可支配收入12 054元,增长11.2%。龙岩是国家可持续发展实验区、国家可持续发展产业示范基地、国家园林城市、国家级加工贸易梯度转移重点承接地,连续两年被评为全国外贸百强城市。

"十二五"期间,龙岩深入学习贯彻落实党的十八大精神,紧紧围绕主题主线,以提高经济增长质量和效益为中心,稳中求进,好中求快,发展绿色经济,建设生态家园,加快推进"五个龙岩"建设,实现经济持续健康发展和社会和谐稳定,使闽西老区天更蓝、地更绿、水更净、人民更安康。到2015年,力争实现"五个突破、五个翻番",即全市地区生产总值突破2 000亿元,规模以上工业总产值突破3 000亿元,全社会固定资产投资五年累计突破5 000亿元,财政总收入突破350亿元,社会消费品零售总额突破600亿元;上述5项指标均比2010年翻一番以上。重点发展"1+2"主导产业,培育1个千亿级机械产业,发展商贸物流和有色金属2个500亿级产业,力争到2015年机械产业年产值达1 000亿元,商贸物流产业年商品购销总额和有色金属产业年产值均达到500亿元。着力打造世界级工程机械基地,全国精品卷烟生产、环保、金铜、建材、稀土产业基地和知名旅游目的地,海西汽车、能源、纺织、农产品加工产业和商贸物流基地。

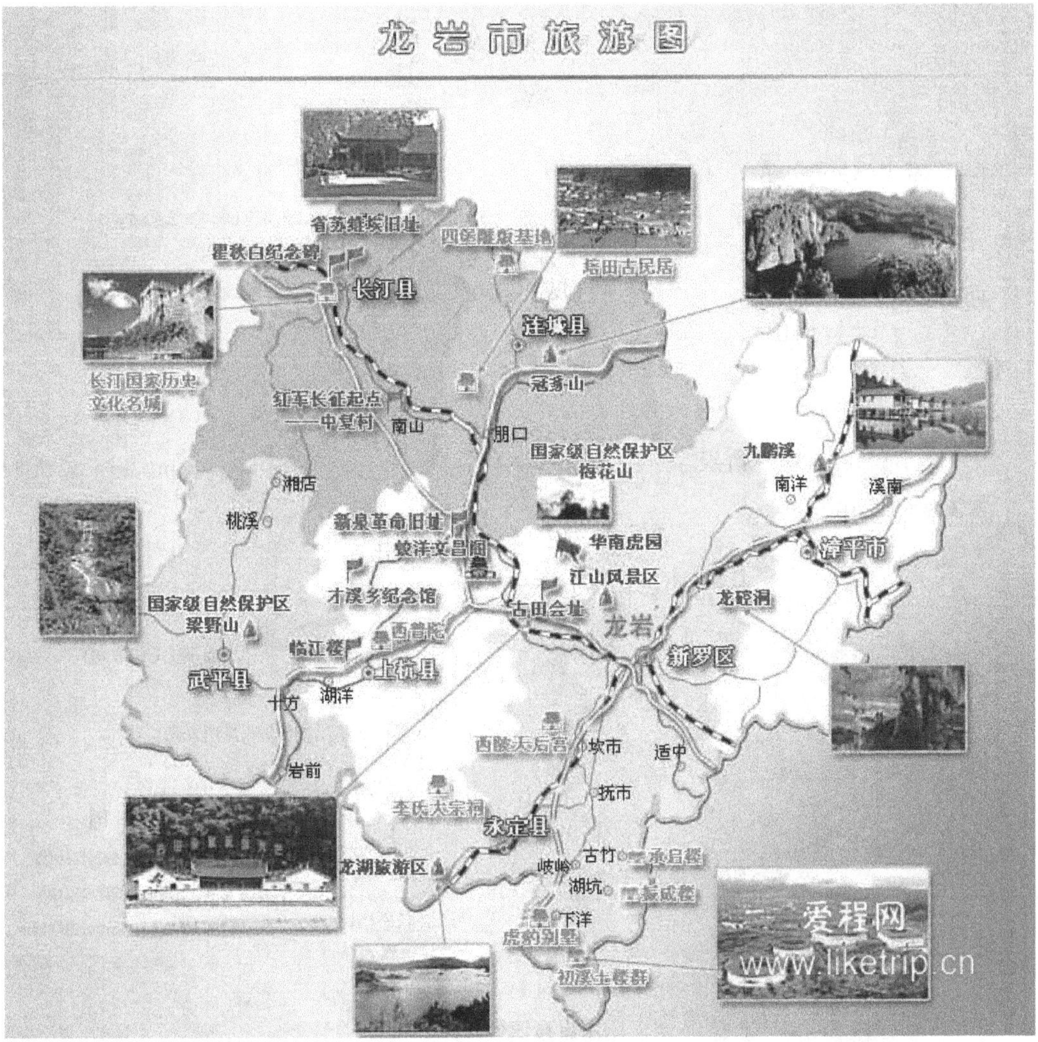
龙岩市旅游图
省苏维埃旧址
瞿秋白纪念碑
四堡雕版基地
培田古民居
长汀县
连城县
冠豸山
长汀国家历史文化名城
红军长征起点——中复村
南山
朋口
国家级自然保护区
梅花山
九鹏溪
南洋
溪南
湘店
桃溪
新泉革命旧址
蛟洋文昌阁
华南虎园
漳平市
江山风景区
才溪乡纪念馆
古田会址
龙硿洞
国家级自然保护区
梁野山
龙岩
西普陀
临江楼
新罗区
上杭县
武平县
十方
湖洋
西陂天后宫
坎市
适中
岩前
抚市
李氏大宗祠
永定县
古竹
承启楼
岐岭
龙湖旅游区
湖坑
振成楼
下洋
虎豹别墅
初溪土楼群
爱程网
www.liketrip.cn

龙岩市旅游图

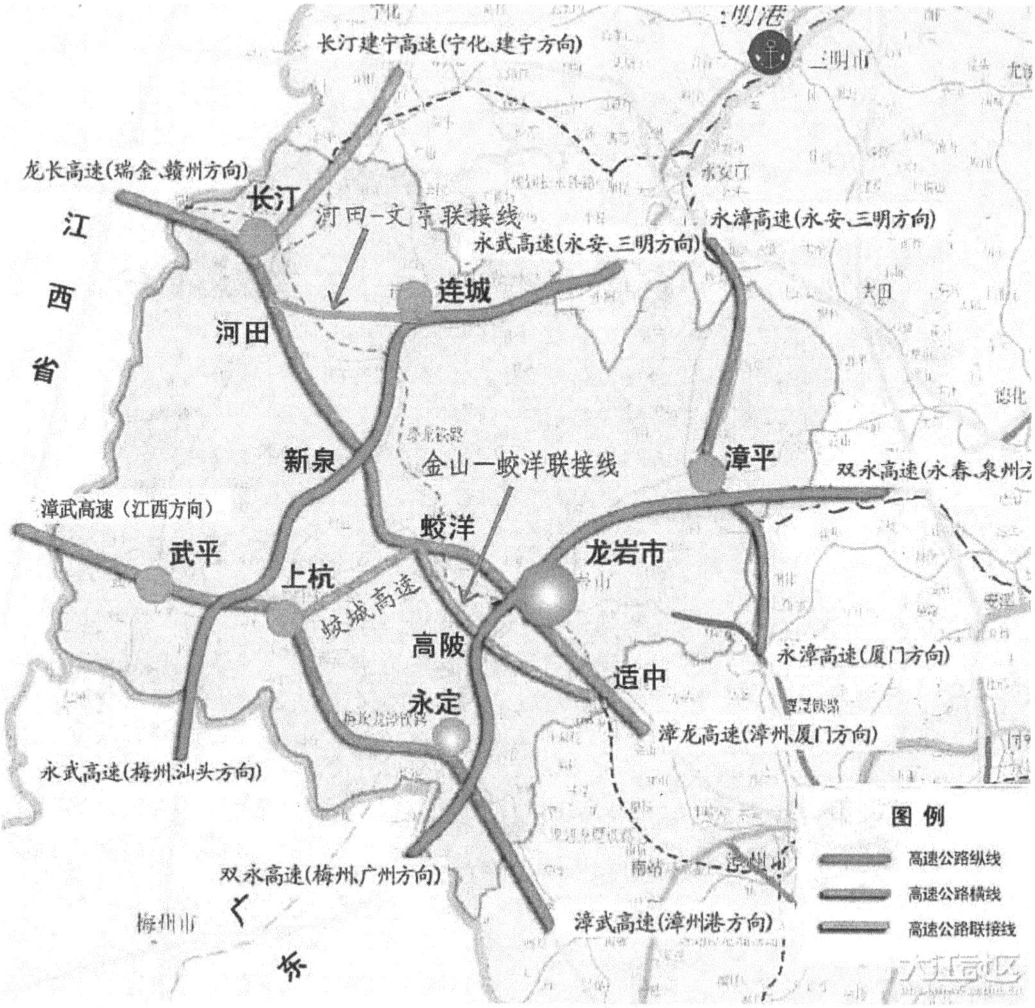

闽西旅游

龙岩高速公路网

第二节 各县(市、区)情概况

一、新罗区概况

新罗区位于福建省西南部、九龙江上游,是海峡西岸经济区的重要临海城市和联结沿海、拓展腹地的重要经济枢纽,是闽西政治、经济、文化中心,也是全国著名的革命老区和重要的林区、矿区、侨区、新兴的工业区、旅游区。早在公元736年就设置新罗县,公元742年因龙岩洞改名龙岩县,1981年撤县改龙岩市,1997年,撤市设区,下辖6个街道、14个乡镇,总面积2 678平方千米,人口48.7万人,常住人口58.7万人。

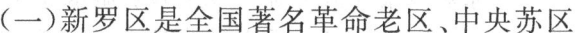

(一)新罗区是全国著名革命老区、中央苏区

新罗区是全国37个中央苏区县(区)之一。毛泽东曾写《清平乐·蒋桂战争》:"红旗跃过汀江,直下龙岩上杭。收拾金瓯一片,分田分地真忙。"其中提到的"龙岩",就是现在的新罗区。第二次国内战争时期,毛泽东、朱德、陈毅等老一辈无产阶级革命家曾在这里点燃革命火种,留下光辉足迹,这里的红色政权和革命成果长期存在,拥有"二十年红旗不倒"的美誉。全区共有革命烈士3 600多人,革命基点村138个,也是原国务院副总理邓子恢,原中国人民银行行长曹菊如,原外经贸部代部长林海云,共和国将军罗元发、陈仁麒、过廷万、廖成美等的故乡。

(二)新罗区是海峡西岸重要的开放前沿区

新罗区是距离厦门经济特区最近的内陆临海城市,也是我省重点侨区,现有港澳台同胞和海外侨胞16万人,海外乡亲遍布40多个国家和地区。1984年被国家列为全国22个对外开放的县(市)区,1992年被国务院批准为沿海经济开放区,经济综合实力进入福建省十强县(市)行列,1995年进入全国百强县(市)行列,经济发展连续多年保持两位数以上的增长,综合实力跻身全国中小城市百强,位居全省临海城市前列。初步形成了第一产业以畜禽、果蔬、花生、竹木、茶叶五大特色产业为主;第二产业以机械制造为龙头,建材、农副产品加工两大支柱,能源、纺织服装、医药化工、矿冶、光伏光电五大潜力的"125"特色工业体系;第三产业以旅游、物流、商贸、房地产、服务业为主的产业发展格局。

(三)新罗区是海峡西岸重要的资源供应区

新罗区是福建重要的林区、矿区,自然资源极其丰富,素有"金山银水"之称。区内已探明的矿藏多达60余种,其中无烟煤探明储量4亿吨,铁矿5亿吨,石灰石8亿吨,优质高岭土5 000万吨,品位、储量均居福建省首位。其中,马坑铁矿为华东第一大矿,东宫下高岭土矿是全国四大高岭土矿产地之一。森林面积335万亩,森林覆盖率位居全国前列,达78%,林木储蓄量达1 200多万立方米,荣获"全国绿色小康县""省级绿色模范县"等称号。

(四)新罗区是海峡西岸重要的区域交通枢纽

新罗区位于闽粤赣三省的结合处,区位优势独特,交通体系完备。航空方面,临近有厦门高崎国际机场和龙岩冠豸山机场,正在建设商务直升机场;铁路方面,拥有连接粤赣两地的龙岩至深圳、龙岩至赣州铁路,龙岩到厦门的复线高速城际铁路,正在建设赣龙铁路复线,实现了与广梅汕铁路和大京九铁路的连接,可由龙岩直达至北京、上海、广州、深圳、福州、厦门等国内大中城市;公路方面,拥有通往厦门沿海,接沈海高速公路的龙厦高速公路和通往江西的龙长高速公路,通往广东梅州接广梅高速公路的双永高速公路,新罗区密切与厦、漳、泉闽南金三角的经济联系,融入以厦门为轴心的一小时经济圈,成为海峡西岸经济区南接珠三角、西联内陆腹地、东出台湾海峡的重要通道和交通枢纽。

(五)新罗区是新兴的旅游区

新罗区拥有丰富的旅游资源,拥有国家A级自然保护区梅花山、国家4A级旅游风景区龙硿洞、全国农业旅游示范点云顶茶园、国家水利风景区梅花湖、省级农业旅游示范点洋畲、打响福建农民武装暴动第一枪并被誉为"土地革命之先声"的后田暴动旧址、在广东潮汕地区颇具影响力的朝圣之地天宫山等,形成了富有特色的生态之旅、红色之旅、宗教之旅、乡村之旅,被评为"中国生态旅游百强县"。

(六)新罗区正在建设海峡西岸连接沿海、拓展腹地的和谐城市

在经济发展的同时,新罗区高度重视和谐社会建设,先后获得全国先进文化区、全国科技进步先进区、全国民政工作先进区、全国乡村青年文化活动先进区、全国卫生保健先进区、全国村民自治模范区、全国计划生育优质服务区、全国绿色小康县、全省双拥模范城、全省平安县(市、区)等30多项国家、省级荣誉。并培育出了四位国家两院院士和石智勇、张湘祥、何雯娜等三位奥运冠军,是全国闻名的"冠军之乡"。

二、永定区概况

永定区位于福建省西南部,东连南靖县,东南与平和县交界,西南与广东省大埔县、梅县接壤,西北与上杭县相连,东北与新罗区毗邻。全县总面积2 223平方公里,下辖10个镇、14个乡,279个村(居),人口48万。永定建县于1478年明成化年间,因为当时农民起义频繁、治安混乱,故取名为永定寓意为永远安定。

永定在建县前,唐初属新罗县;大历四年(769年)在湖雷下堡置上杭场,永定为上杭场属地,直隶汀州。宋淳化五年(994年)上杭场升县,县治设于执梓堡(高陂北山),永定仍为上杭县属地。明成化十四年(1478年)上杭县溪南、金丰、太平、丰田、胜运设置永定县,隶属汀州管辖,直至清代未改变。民国初期,先后属西路道、汀漳道管辖。民国14年(1925年)废道,直隶福建省。民国22年(1933年)"福建事变"时,属龙汀省。次年,"福建事变"失败,属第七行政督察区。之后,先后属第六、第七行政督察区。1949年10月新中国成立后,先后属第八专区、龙岩地区、龙岩市管辖。2015年永定撤县设区。

区情主要有五个特点:

(一)革命苏区

永定是著名的革命老区,是当年中央苏区县,曾爆发了影响深远的"永定暴动",建立了福建省第一个农村党支部、第一个苏维埃政权和第一支红军队伍,养育了以张鼎丞为代表的70多位中央和省、市领导,其中有16位将军,被誉为"红旗不倒之乡"。

(二)重点侨区

永定是著名的侨乡、全国重点对台工作县和重点侨县,有港澳台侨胞50多万人,是爱国侨领胡文虎和中国国民党荣誉主席吴伯雄等人的祖籍地。

(三)传统烟区

永定具有400多年的种烟历史,是闻名全国的"烤烟之乡",所产烤烟被誉为"烟魁"。

(四)南方矿区

永定已探明矿产资源36种,其中煤炭储量5.2亿吨,石灰石储量7.3亿吨,"永定红"石材储量5亿立方米。

(五)新兴旅游区

永定是世界文化遗产福建土楼的核心分布区和发源地,列入《世界遗产名录》的福建土楼"六群四楼"中,永定占了"三群二楼"。同时,棉花滩水电站建设形成了65平方公里湖面的"龙湖",与土楼交相辉映,构成了"东楼西湖"的旅游格局。

永定是一个纯客家人聚居县,通行闽西客家方言,客家文化在这里源远流长,保留着浓厚的中原文化传统。流传久远的闽西汉剧、客家山歌、十番音乐,凝聚客家人智慧的土楼营造技艺、万应茶生产工艺,被列入国家级和省级非物质文化遗产名录。我县传统民间社艺活动和节庆活动丰富多彩,如走古事、作大福、打新婚、客家山歌、迎春牛、四月八等丰富多彩的客家民俗文化风情。

县内公路四通八达,已有出境公路15条。龙梅铁路、漳龙高速、"海西号"进京专列、上海至广州的客运等快速通道大大方便了永定与全国各地的交往。境内双永高速公路和湖雷至城关高速公路即将竣工通车,永定将处在厦门"一小时经济圈"、珠三角地区和长三角地区"三小时经济圈"范围内。永定县属亚热带海洋性季风气候,年平均气温20.1℃,年平均日照时数1 742.8小时。全县森林覆盖率达73.1%,比全省平均水平高出12个百分点,适合休闲度假、旅游观光。

全县现有旅游企业9家、国家5A级旅行社1家、3A级旅行社2家、旅行社门市部2家,现有四星级酒店1家、三星级酒店4家,有各类旅游饭店50多家、床位3 200多张。组建了永定旅游专业运输车队,新修了高速旅游专线,开设了县城和洪坑土楼民俗文化村旅游大型购物商场,还有歌舞厅、美容中心、茶吧、咖啡屋、旅游休闲屋及观光园、农家乐等,在未来几年,力争每年创建2家以上四、五星级酒店、5家以上三星级酒店,到2015年实现全县五星级酒店2家、四星级酒店10家、三星级酒店25家以上。

永定以福建土楼列入世界文化遗产名录为契机,全区上下凝心聚力、开拓创新,紧紧围绕"建设海峡西岸生态型旅游工贸强县"的奋斗目标,把旅游业作为一个事关经济社会发展大局的新兴支柱产业加以重点扶持发展,高标准规划、投巨资建设,精心打造"福建土楼·客家永定"文化旅游品牌,形成共同培育支持旅游产业发展的强大合力,现旅游基础设施日臻完善,综合服务水平不断提高,永定旅游事业已步入持续、健康、快速发展的进程。

三、漳平市概况

(一)概况

漳平,又名"菁城",地处福建南部内陆咽喉地带,九龙江(北溪)上游,闽南金三角的腹地,为龙岩、泉州、漳州和三明的结合部,是连接沿海拓展腹地的要道,属亚热带海洋性季风湿润气候,年平均气温为20℃,年降水量1 486毫米,总面积2 975平方公里,是福建省8个土地面积最大的县市之一,为"九山半水半分田"的地貌。辖2个街道、14个乡(镇),人口27万人。通行闽南方言漳平话。

(二)优势特征

漳平位于闽西南一翼,有三个明显特点:从交通和区位上看,漳平是闽南金三角的"后大门"。漳平已经是临海地区,地处闽南金三角的边沿,兴建的双永(永春—永定)、漳永(漳州—永安)高速公路和南三龙高铁(杭广线南平—三明—龙岩段)将构建连接沿海、拓展腹地的快速通道。从产业分工上看,漳平是闽南金三角的"后续基地",福建省唯一的烟煤生产基地,石灰石储量约5亿吨,居全省前列,可为闽南金三角提供电力、煤炭、建材等能源支持,是承接沿海产业转移的理想区域。从生态分布上看,漳平群山环抱、碧水长流,森林覆盖率高,是闽南金三角的"后花园",2000年6月国家林业局将漳平命名为"中国花木之乡"、永福镇命名为"中国杜鹃花之乡"。2009年又被省旅游局评为"福建省十大空中最美家园"。

(三)历史沿革

明朝以前属龙岩县九龙乡,公元1471年(明成化七年),析龙岩县居仁、聚贤、感化、和睦、永福五里置漳平县,属漳州。县名取"邑居漳水上流、千山之中,此地独平"之意。1929—1934年曾建苏维埃政府,1949年6月21日解放,属龙岩专区(地区)。1956年宁洋县撤销,入属漳平。1990年8月经国务院批准撤县设市,成为福建省第九个县级市,1996年11月成为省直辖市,由龙岩市代管。

(四)历史人物

明代著名航海家王景弘就是漳平人,他与郑和同舟共济完成七下西洋的伟大壮举,在郑和逝后又奉命独自率领船队完成八下西洋,成为我国航海史上与郑和齐名的杰出航海家、外交家。近代,郑超麟是一位传奇人物。他早年赴法学习时与邓小平同志成为室友,之后与邓小平有关的许多记录都是通过他的回忆编写而成的。他一生中写过很多文章、书籍,还翻译过苏联的共产主义著作,其中《共产主义ABC》对邓小平产生过很大影响。还有16岁就赴法留学的陈祖康,编写了黄埔军校校歌的歌词,字里行间充满了黄埔精神。

此外,漳平还有"开一邑文教之先"的刘棠、著名理学家曾汝檀、农民起义将领苏阿普、文治武功兼备的陈六韦合、翰林院编修朱阳以及近代的陈性初等众多知名历史人物。

(五)特色文化

1. "花乡"——永福镇

永福镇位于漳平西南部,山清水秀,气候宜人,素有"小庐山"的美称。当地家家养花,处处花圃,种植的花卉远销全国23个省市和港、澳及东南亚等地。花卉种植面积1.5万亩,杜鹃花种植面积6 000亩,花卉产业年销售额近2亿元,杜鹃花年销售额1.08亿元,目前生产规模还在不断扩大。永福的花卉不但数量多,品种也多,其中名贵花种有:茶花、素心兰、君子兰、金边瑞香、西洋杜鹃、细叶苏铁等。在2008年福建省第二届花王赛上,永福的杜鹃花夺得了"花王"的称号。近年来,永福花卉不但挺进大都市、走进奥运、走进人民大会堂,而且各种大型花卉展览上也都有永福花卉的身影,永福花卉在全国范围内的影响度和知名度都在不断地攀升。

2. "画乡"——新桥镇

新桥镇位于漳平市北部,1989年被文化部命为"中国现代民间绘画之乡",成为全国51个画乡中唯一乡镇级的画乡。早在北宋时期,新桥民间就盛行习书作画了。每逢过年过节,新桥人都会开展写字绘画等技艺擂台赛。近年来,新桥人共创作作品8 000多件,在全国画乡第一、第二届邀请展中入选作品有14件,并获得一、二、三等奖。在"首届中国农民书画展"中,新桥的作品有3幅获得优胜奖,4幅被收入《中国现代民间绘画选粹》,还有30多幅作品被推荐到英国、美国、丹麦,乃至联合国组织去展览。新桥的绘画作品主要来源于生活,汲取了当地的剪纸、木刻、刺绣、石雕等传统艺术精华,散发着田野浓郁特有的泥土芳香,形成新桥画特有的风格和韵味。

3. "茶乡"

漳平是中国茗茶之乡,盛产漳平水仙、永福高山茶、官田铁冠。

(1)漳平水仙。

漳平水仙茶饼属乌龙茶类的紧压茶,它的制作工艺独特,在全国范围内属首创。早在清光绪年间,漳平水仙茶就在巴拿马博览会和上海博览会上获得金奖。从1995年到2010年期间,漳平水仙茶在国内外茶叶博览会上多次获得过金奖、银奖,还被评为"中国名优茶",并被"中国茶叶博物馆"永久性收藏和陈列展示。漳平水仙茶饼原产地是漳平市双洋镇中村,后来发展到漳平市各地。

(2)永福高山茶。

漳平国家级台湾农民创业园地处永福镇,平均海拔780米,最高海拔1 200米以上,生态环境良好,是大陆最大的台湾软枝乌龙茶生产基地,生产口感独特的永福高山茶,目前入驻创业园区的台商企业50多家。永福因其自然气候与台湾著名高山茶区阿里山相似,盛产高山蔬菜、花卉、茶叶,有着诗画般的田园风光,被台商誉为"大陆阿里山"。

(3)官田铁冠。

漳平官田乡,与铁观音的原产地安溪毗邻,通过文化交流和制茶技术的分享,大面积种植铁观音,生产出品味极佳的"官田铁冠"。

4. 奇石文化

由于漳平境内独特的丹霞地貌、喀斯特地貌,孕育了丰富多彩的奇石资源。目前已知的珍贵石种有:九龙壁、梅花石、黄蜡石、花蜡、硅化石、水晶石、萤石、钟乳石、方解石、绿碧石等十几种。在众多石种中,以九龙壁最负盛名,九龙壁被列入"中国十大观赏石""国石候选石""中国四大名玉"。漳平奇石"神州鳄"在第六届中国(厦门)国际园博会上荣获银奖。央视四套《走遍中国》栏目还专门对"漳平奇石"进行介绍。

早在唐宋时期,就有名家收藏漳平奇石,并将一些精品奉为贡品。明代地理学家、旅行家徐霞客来到漳平旅行之后,对奇石赞叹不已。近年来,漳平奇石市场日益火爆,市委、市政府也非常重视发展奇石产业,成立了"漳平奇石文化城",2010年漳平奇石馆正式开馆,馆内展示的精品有"神州鳄""天台山""王景弘八下西洋的故事"以及"大陆阿里山"等。

(六)民俗风情

清代始民间盛行火龙、布龙两种。火龙流行于新桥西埔、云墩等地,长达110节、200余米,龙头、龙尾各3米多长,龙身每节长2米,底平,上呈拱圆形,安装3层灯座,上层装彩灯10盏,下层36盏,整条龙有彩灯1 000余盏。龙头、龙尾各由8~10人肩扛,龙身每节6~8人抬扛,前面灯牌引路,接着是鲤鱼、龟虾等各式彩灯,10组鼓乐队,30多把响铳首尾相随。1987年春,中央电视台、福建电视台播放了这一巨龙奇观。布龙有7节、9节,分青龙、黄龙、红龙,盛行于菁城、双洋、永福一带,飞舞穿行组成"福、禄、寿、全"字样,配鼓乐以壮声威。此外还有明清以来历代相传的"迎竹马";闽西人民喜闻乐见的民间歌舞"采茶灯";永福龙车所独有的一种民间文艺"宝塔灯",以及"花船""闹宋江""舞狮"等等。

(七)风味美食

漳平独特的区位、悠久的历史和多元的文化,形成丰富多彩的饮食文化。其特色美食有:米浆粿、油炸粿、拱桥番鸭汤、鸡肚鳖汤、宁洋风鸭、东湖米粉、畲乡红米饭、畲乡蕨粉面、畲乡犬王粿、花乡糯米糍、冬至包等。

(八)土特产品

独特的气候条件和地理条件,为漳平出产丰富的土特产品创造了条件。例如:香菇、红菇、木耳等天然食用菌;肉厚嫩脆、别有一番风味的"笋干";质地纯正、营养结构合理的"山茶油";味道鲜美、营养丰富、天然无污染的"中华毛蟹";品质珍奇、风格独一无二的"水仙茶饼";具有台湾风味的"永福高山茶";官田乡自创的茶叶品牌"官田铁冠"等,都是馈赠亲友的佳品。

四、上杭县概况

上杭,于宋淳化五年(公元994年)置县,坐落于福建西南部,地处汀江中游,是客家文化的重要发源地之一,素有山歌之乡、书画之乡、木偶之乡、建筑之乡的美称。全县总面积2 860平方公里,总人口约49.7万人,大致呈"八山一水一分田"的经济地理结构。县情特点可概括为:著名苏区、建筑之乡、黄金宝地、客家祖地、旅游胜地、冠军摇篮。

(一)著名苏区

上杭是全国23个苏区县之一,是第二次国内革命战争时期,毛泽东、朱德等老一辈无产阶级革命家、军事家用心血浇灌的红土地,是中央苏区的重要组成部分。1929年12月,红四军第九次党代会即古田会议在上杭古田召开。才溪则被评为中央苏区"第一模范乡",毛泽东同志曾三次亲临才溪进行社会调查,并写下了著名的《才溪乡调查》。1955年全县被授予少将以上军衔的将军有27人,是全省将军最多的县(占全省三分之一)。

(二)建筑之乡

上杭建筑业历史悠久,建筑技艺早在明清时代就已声名远扬。2006年被省政府授予"优秀建筑之乡"荣誉称号,2011年上杭获得"中国建筑之乡"荣誉称号,建筑业已成为上杭的支柱产业之一。

(三)黄金宝地

上杭自然资源丰富。全县已探明金、铜、银、铀、大理石、石灰石、稀土等多种矿产。其中紫金山金铜矿属国家级特大型金铜矿床,被中国黄金协会命名为"中国第一大金矿"。

(四)客家祖地

上杭是客家人重要祖籍地之一,是客家民系成长的摇篮,李、张、丘、廖、赖等30多个客家姓氏的始祖在上杭开基创业、繁衍,并从上杭逐步迁徙世界各地。

(五)旅游胜地

上杭旅游资源丰富,具有生态资源丰富、史迹文化突出、山城风光秀丽、山水风景宜人的特点。现已拥有全国红色旅游经典景区、全国爱国主义教育示范基地——古田会议会址和毛泽东才溪乡调查旧址,全国4A级旅游景区——古田会址旅游区,全国历史文化名镇和中国特色景观旅游名镇——古田镇,国家级自然保护区——梅花山,国家矿山公园——紫金山,国家工业旅游示范点——紫金工业旅游区,国家森林公园——西普陀,全国休闲农业与乡村旅游示范点——五龙农家乐等多个国家级品牌。2008年1月上杭荣获"福建最佳旅游目的地"称号,2008年12月上杭荣获"中国优秀旅游县"称号。

(六)冠军摇篮

上杭县少体校为福建省高水平体育后备人才训练基地,先后为国家队输送了周金灿、余立志、林丹、刘麒鹏等一批优秀的羽毛球和体操运动员。上杭被评为第二批"全国体育先进县"。

五、武平县概况

武平于公元994年设县,辖17个乡镇、214个村、3个居委会,总面积2 630平方公里,人口37万,是中国生态旅游大县、中国金融生态县、全国可再生能源建筑应用示范县,是福建省第二届文明县城、省环境优美县城、省级绿化模范县、省级卫生县城、省平安县。2010年实现地区生产总值73.73亿元,财政总收入4.28亿元,全社会固定资产投资53.25亿元,城镇居民人均可支配收入和农民人均纯收入分别为14 138元和6 404元。

(一)历史悠久的文化之城

两千多年前的西汉初期,南海国在武平建都;南宋时期,大量南迁的中原世族,在这里安营扎寨;千年古镇中山镇汇集了源自中原的105个姓氏,使用着世界上独有的"孤独方

言"——"军家话"。武平是"空军之父"刘亚楼上将、原全国文联党组书记林默涵的故乡。武平文博园是武平标志性文化设施和文化名片。

(二)区位优势明显

武平区位独特,地处闽粤赣三省结合部,是闽西、粤东、赣南的重要交通枢纽和物资集散地,是全国少有能在四小时左右分别到达深圳、珠海、汕头、厦门四大经济特区和四大港口的县。

(三)资源丰富

森林覆盖率达79.6%,拥有煤炭、黑色金属、有色金属、非金属等四个成矿区域,已探明储量的矿种有金、银、稀土、白云石等13类,是中国南方重点林区县和矿区县,是国家级商品粮基地县、全国产粮大县。

(四)充满魅力的旅游胜地

自然风光独特,有瀑群飞泻、宏伟壮阔的国家级自然保护区梁野山;有险峻雄奇、丹霞地貌的狮子山;有佛道并存、洞幽景美的灵洞山;有水天一色、白鹭齐飞的卦坑水库……全县大小景观,星罗棋布。同时,还有丰富的文化旅游和红色旅游资源,有汉初"南海国"古都遗址、客家保护神定光佛卓锡地、八仙之一何仙姑成仙处,有被列为福建省首批非物质文化遗产名录的武平汉剧、十番音乐、"上刀山、下火海、捞油锅"原生态民俗等一批人文景观。目前,四星级中凯国际酒店、紫金大酒店、至尊大酒店已建成运营,梁野山生态旅游区、生态休闲度假村等一批旅游休闲项目相继开工建设,旅游产业呈现蓬勃发展的态势。"十二五"期间将重点开发"一仙一佛三山"(即:何仙姑,定光古佛,梁野山、狮子山、灵洞山),建设"一城一区一村一园"(即:闽粤赣边客家生态文化城、旅游休闲区、生态休闲度假村、中山百家姓文化公园),致力争创国家4A级景区和"中国优秀旅游县",努力打造闽粤赣边"高端休闲度假聚集区和佛教朝圣胜地"。初步形成三条精品旅游线路,即,红色圣地朝圣游:上杭(古田会议旧址)—武平(梁野书院、刘亚楼将军故居)—广东梅县(叶剑英故居);绿色生态养生游:连城(冠豸山)—武平(梁野山)—江西会昌(汉仙);海峡客家文化游:武平(中山百家姓镇、文博园、岩前定光园、客家博物馆)—广东梅县(客天下)—永定(土楼)。

六、连城县概况

连城县从行政区域上说是福建西部地级市——龙岩市下辖的一个县,全县土地总面积2596平方公里,辖8镇9乡240个行政村,总人口33万人。连城在宋以前原为汀州府辖地,公元1133年建县,距今已有800多年历史了。从地理位置上看,连城县位于武夷山脉南麓、龙岩市的西北部,东邻永安,南接新罗、上杭,西邻长汀,北靠清流、宁化,属客家祖籍地之一。境内属海洋性季风气候,冬无严寒,夏无酷暑,雨量充沛,环境舒适宜人,资源物产丰富,被誉为"北回归线上的绿洲和基因库"。年均气温在13.8℃～19.5℃之间,县城为18.9℃;年平均雨量1734.4毫米,年平均日照时数1760.7小时,全年无霜期通常为291天。连城森林覆盖率82.9%,绿化程度达96%,全县毛竹面积53万亩,居龙岩市第一位。

(一)极具古中原文化的特色

连城是客家人的聚居地和发祥地之一,客家文化源远流长,具有丰富的中原传统文化遗存。据专家考证,连城的民俗风情文化、古民居和古宗祠建筑文化,它的书院、雕版等文化都源远流长。被列入国家非物质文化遗产的"连城客家元宵节庆"包括有"中原古文化的活化石"之称的姑田游大龙、罗坊走古事、新泉烧炮、芷溪花灯、十三坊游公太,这些精彩纷呈的活动让每一位前来参观的游客都叹为观止。总之,连城是客家文物、客家民俗、客家风情等客家文化比较完美的承载地。

(二)环境优美、物产富饶

由于连城特殊的土壤、水质、气候条件,很早就形成了饮誉八方的三类农家系列产品。一是绿色环保的连城红心地瓜干,它是闽西八大干之首,早在二三百年前就已经驰名中外,每年销往东南亚、日本及全国各地,年产值超3亿元,"连城红心地瓜干"集体商标已是闽西首个农产品中国驰名商标;二是白鹭鸭,早在清道光年间,因具有清热利湿、滋阴降火的药用价值而成为宫廷贡品;三是连城兰花,连城朋口是福建最大的兰花基地、全国闻名的素心兰基地,拥有400多个品种500多万株,产品远销美、日、韩等国及港、澳、台地区,年销售千万元以上,"连城兰花"也获地理标志集体商标。连城因此有"中国红心地瓜干之乡""中国连城白(鹭)鸭之乡""中国客家美食名城"等荣誉称号。除此之外,连城的黄兔及淡水鱼等农产品的产量都极为丰富,不但营养价值高,而且味道鲜美,吸引了周边及其他地区的旅游者。

(三)中国客家美食名城

自2003年起,涮九品、溪鱼焖豆腐、白鸭宴、全牛宴等就被列入中国名菜,这些菜不但味道鲜美,而且药膳兼济;还有被评为福建名菜的酿豆腐、红焖慈姑、红烧芋子栗、红烧糯米猪血肠、漾白豆腐、猪八宝、五谷丰登等;除此之外,连城的小吃点心更是让人赞不绝口,金包银、哽心丸、珍珠丸、客家银饺等都是福建名点,还有数不清的特产小吃如红心地瓜干、拳头桃、灯盏糕、捆粄、烂粉等。总之,在连城,没有你吃不到的客家美食,只有你想不到的美食。

(四)形成"铁、公、机"立体交通网络

铁路、公路(高速公路和国省道)、机场三线齐开,形成了"铁、公、机"立体交通网络。游客可通过连城机场、赣龙铁路、厦榕高速公路、长深高速公路及205、319国道等多种途径到达连城;冠豸山火车站货运发卸车16万多吨,客运量14万多人次,已开通至上海、北京(经停福州)航线的冠豸山机场旅客吞吐量已达5万多人次。到达连城后,游客就可通过由省道、新农村公路连接的环绕冠豸山景区旅游公路进入连城各旅游景区。

(五)著名的旅游胜地和革命老区

连城境内旅游资源丰富,主要有国家重点风景名胜区、国家4A级旅游区、国家自然遗产、国家地质公园——冠豸山;国家4A级景区——天一温泉度假村;国家级自然保护区——梅花山主体;全国重点文物保护单位、全国民族民间文化保护工程和福建省首批非物质文化遗产、被誉为"中华文化明珠"——四堡古书坊建筑群;中国历史文化名村、全国重点

文物保护单位、十大"中国最美的村镇"之一——培田古村落;新泉红四军整训地等景区。其中冠豸山景区距城区仅1.5公里,素有"阳刚天下雄、阴柔世上媚"的美誉,入选"福建最值得外国人去的10个地方"。其他景点如《古田会议决议草案》起草地新泉望云草室、朋口松毛岭战役纪念碑等多处革命旧址、省级文物保护单位——罗坊云龙桥、芷溪古宗祠建筑群和太平僚、将军山、冯地村等一批农家乐景点都同样让游客流连忘返。

七、长汀县概况

长汀地处福建省西部、武夷山脉南麓。全县辖18个乡镇,面积3 099平方公里,总人口51万人,城区建成面积12平方公里,城区常住人口15万人,属福建省第五大县。

长汀历史悠久,风光秀美,人文荟萃,是国家历史文化名城、客家首府、革命圣地。

(一)历史文化悠久

长汀从汉代置县,自唐开元二十四年(公元736年)置州后至清末的一千多年间,是各个朝代的州、郡、路、府的治所。悠久的历史留下了许多珍贵文物,1994年被国务院公布为第三批国家历史文化名城,成为国家重点风景名胜景区、中国文化旅游大县。

(二)客家文化丰富

长汀是客家人的发祥地和集散地,先民从中原辗转而来,在长汀与原住民在生产生活中相互影响、相互融合,千锤百炼,博采众长,形成了独具特色的客家民俗文化、客家风土文化和客家饮食文化,众多的客家人在这里繁衍生息,并走向五湖四海。长汀是全国唯一的"中国客家菜之乡"、福建第一个美食名城。长汀被誉为"客家首府"和"客家大本营",汀江也被誉为"客家母亲河"。

(三)红色文化厚重

长汀是全国著名革命老区,红军长征出发地之一。第二次国内革命战争时期,长汀是中央苏区的重要组成部分,是中央苏区的经济文化中心,素有"红色小上海"之美誉。党的领导人毛泽东、周恩来、朱德、刘少奇等老一辈革命家在长汀开展革命实践,瞿秋白、何叔衡在长汀就义。革命战争年代,长汀2万多名优秀儿女参加了红军,涌现出老将军13名。1932年,第一个福建省苏维埃政府、中共福建省委、省军区等机构设在长汀,成为福建革命运动的政治、军事中心。

(四)自然资源丰富

主要矿产资源:金属矿有稀土、钨、铁、锡、金、银等,其中稀土矿化岩体面积达570平方公里,蕴藏量达50万吨以上,已探明稀土矿资源储量13.2万吨,占全省探明储量的70%以上;非金属矿有石灰石、白云石、大理石、辉绿石、玄武岩、高岭土、叶蜡石、钾长石、硅质石、黄铁石、磷矿、煤、矿泉水、温泉等,其中高岭土、花岗岩、辉绿石、玄武岩、钨矿等资源较为丰富,有较好的开采和利用价值。林地面积17.87万公顷,森林覆盖率达74%,林木蓄积量1 000多万立方米。境内地下水资源和地热资源丰富,河田温泉属国内罕见,温度高达80摄氏度,日流量达4 000吨以上。

(五)区位优势明显,交通便利

赣龙铁路、龙长高速公路、319国道和省道洋万线在城区交汇,直达粤、赣、湘、鄂、川和福建各地,承西启东的交通枢纽作用日益突出。龙长高速公路与福、厦、漳、泉相通,长汀至厦门港350公里,距龙岩冠豸山机场81公里,至广州、深圳全程高速6小时可达;赣龙铁路与京九铁路相接,"海西号"列车直达北京只需21小时;将开通"铁海联运",长汀已成为闽南、粤北与内陆省份商品流通和经济走向的"黄金通道"。

第二章
闽西旅游资源概况

龙岩市是福建省别具一格的风情旅游区,也是福建省新兴的旅游区。龙岩旅游资源十分丰富,有1个世界文化遗产地、1个国家5A级旅游区(福建土楼·永定景区)、8个国家4A级旅游区(冠豸山、龙硿洞、九鹏溪、古田会址、长汀红色旧址群、天一温泉、培田古村落、中国虎园·梅花山)、1个国家重点名胜区(冠豸山)、1个国家历史文化名城(长汀)、4个国家森林公园(龙岩国家森林公园、上杭西普陀国家森林公园、漳平天台山国家森林公园、永定王寿山国家森林公园)、2个国家级自然保护区(梅花山、梁野山)、2个全国休闲农业与乡村旅游示范点(上杭五龙村农家乐、永福高山农业旅游区)、26个国家重点文物保护单位。福建旅游十大品牌中,龙岩占2个,即"神秘的客家土楼"和"光辉的古田会址"。以福建土楼·永定景区等为代表的"客家之旅",以冠豸山、龙硿洞、九鹏溪等为代表的"绿色之旅",以古田会议会址为代表的"红色之旅"是龙岩市享誉海内外的著名旅游精品线路。随着高速公路、铁路、航空等现代立体交通网络的形成,龙岩正揭开神秘的面纱,以其迷人身姿挺立在海峡西岸。龙岩旅游特色主要体现为:

(一)客家文化异彩纷呈

龙岩是客家人的祖地和聚居地之一,这里创造了别具一格的客家文化。永定客家土楼是世界上独一无二的山村民居建筑,被誉为"神秘的东方古城堡",现存各式客家土楼30多种,2万多座,2008年7月被列为世界文化遗产,其中振成楼、福裕楼、承启楼、奎聚楼、集庆楼、西陂天后宫土楼是全国重点文物保护单位。龙岩还有"客家首府"汀州古城,"客家母亲河"汀江,被誉为"客家大庄园""民间故宫"的培田古民居,全国唯一幸存的四堡雕版印刷古书坊等。客家民俗活动异彩纷呈,有走古事、游大龙、做大福等活动,剽悍旷古,惊世振闻;客家美食享誉八方,汀州百壶宴、闽西八大干、白斩河田鸡、涮九品等,品种繁多,令人回味无穷。

(二)红色圣地令人景仰

龙岩(闽西)是著名的革命老根据地,是中央苏区的重要组成部分,是红军的故乡和中央红军长征出发地之一,是毛泽东建党、建军思想的重要发祥地。龙岩在中国革命历史上有过卓越的贡献,被誉为"二十年红旗不倒"。古田会议会址是中国共产党人心中的"圣地"和中国人民解放军军魂所在,才溪是著名的将军之乡,长汀有"红色小上海"的美誉。龙岩现存革命旧居旧址中,有国家重点文保单位7处,省级文保单位29处,各种革命文物2万多件。《2004—2010年全国红色旅游发展规划纲要》把龙岩列入全国12个重点红色旅游区和全国30条红色旅游精品线之中,龙岩红色旅游系列景点被列为全国100个红色经典旅游景区之一,古田会址旅游区、长汀红色旧址群被评为国家 4A 级旅游区。如今,龙岩已成为全省红色旅游的龙头。

(三)山水风光奇特多姿

龙岩生态环境优良,森林覆盖率达到 78%,山地旅游资源异常丰富,有被誉为"放大的盆景,缩小的仙境""阳刚天下第一,阴柔举世无双"的国家重点风景名胜区、国家 4A 级旅游区、国家地质公园、国家自然遗产冠豸山;有被誉为"北回归线上的绿色翡翠""动植物的基因库""华南虎的家园"的国家自然保护区梅花山;有世界罕见的江山"睡美人"奇观和神奇幽深的国家 4A 级旅游区龙硿洞;还有国家自然保护区梁野山、国家农业旅游示范点云顶茶园、"水上茶乡"之称的国家 4A 级旅游区漳平九鹏溪、"花果之乡"洋畲村、五龙村农家乐等,都是旅游观光和生态休闲的理想之地。

第一节　自然旅游资源

一、生态之旅

(一)连城冠豸山——丹霞地貌旅游资源

冠豸山风景区位于福建西部的连城县县城东侧,平地拔起,不连岗以自高,不托势而自远,外直中虚、山清水秀,与武夷山并称为"北夷南豸山,丹霞双绝"。丹霞地貌是指红色沙砾岩上发育的方山、奇峰、赤壁、岩洞等特殊的地貌景观,因最早发现于广东仁化丹霞山,故称为丹霞地貌,形态上以顶平、身陡、麓缓、山形奇特、赤壁丹崖为其显著特征。丹霞地貌的形成发育大致经历了三个过程:(1)在低洼盆地中形成了透水性良好、垂直节理发育的红色水平沙砾岩层;(2)红色水平沙砾岩形成后,盆地随周围地区一起整体抬升,不再有其他堆积物覆盖;(3)在湿热气候下,岩体经强烈的流水侵蚀、溶蚀和重力崩塌等综合作用,形成了种种地形奇观。

冠豸山景区面积 123 平方公里,核心景区 53 平方公里,由冠豸山、石门湖、竹安寨、旗石寨、九龙湖五个游览区组成,集"山、水、岩、洞、泉、寺、园"于一体,"雄、奇、幽、秀"诸特点于一身,处处彰显旖旎的山水风光和璀璨的客家文化。冠豸山因明代名儒黄公甫在滴珠岩上题刻字径数尺、矢劲铁强的"冠豸"二字而闻名于世。"豸"为古时灵兽,似羊而独角,能辨曲直,遇恶人则以角触之,其聪灵、刚强、公正、诚信让人们顶礼膜拜,是平民百姓驱害辟邪的吉祥瑞物,是执法者标榜与警示的"图腾",是统治者自警的座右铭。旧时执法官之帽称"獬豸冠",表现了人们对执法无私、公正廉明的期盼。冠豸山因此被称为"正义山"。冠豸山开发始于宋元祐年间,在石门湖筑亭建阁,植以松竹,成为吟诗斗酒之地。山中风景秀丽,独树一帜。历代留下许多摩崖石刻和楼台亭阁及书院等人文景观,今尚存半云亭、松风亭、东山书院、修竹书院、灵芝庵等以及摩崖石刻 40 余处。最为珍贵的有林则徐登临冠豸山时手书的横匾"江左风流",现存于东山草堂内;还有乾隆年间的名士纪晓岚,任福建提督学院时题写的"追步东山"真迹。

1. 迎客松

正面游山,轻车可直达山麓。拾级而上,景点相随。上百余米缓坡,有一株虬枝伸展的老松挺立岗阜,为迎客松。诗曰:"青松喜迎客,登高兴正浓。松涛相问候,何须一鞠躬。"据清乾隆十三年(公元1748年)连城知县徐尚忠作《游冠豸山记》曰:"每一罅隙,皆有松为之掩映。短髯老骨,千百其状。"冠豸山自古苍松遍布,因受清末战乱、"大跃进"毁林炼钢和"文化大革命"乱伐林木的摧残,冠豸山松林多遭斧斤之灾,这棵老松因根置峭壁,伐者无法下斧,得以幸存。迎客松南向数米有一座歇山顶式六柱凉亭曰"舒心亭",游人可到此歇息,静赏迎客松风姿。

2. 苍玉峡

过迎客松,登上逶迤的山路,忽见两侧岩壁峭立,中通一峡谷,谷口有一块崩塌的巨石。巨石斜卧右侧,形成一深洞,山涧流泉汩汩注入,珠玑四溅,发出悦耳的叮咚琴声。山路绕巨石而辟,左侧石壁有马周卿篆书石刻"苍玉峡"三字,形容峡谷内碧珠飞溅,蕴含奇趣。

3. 松风亭

过苍玉峡,登阶300余米,层阶边岩上设一座四廊柱盖顶凉亭,供游人歇足,名曰"松风亭"。亭柱有亭名的嵌头格楹联:"松盘黛色宜人爽,风送涛声入耳频",颇切游人心境。伫立亭中,远望文川九曲,近看田螺山,令人联想到田螺姑娘的故事,心中吟唱起一首美和善的颂歌。亭畔大片松林,峭立崖侧,清风徐来,涛声阵阵,使人顿生"凝眸收胜览,入耳生云泉"之慨。

4. 半云亭

逶迤再登百余米,即是半云亭。亭为清代罗学镰倡建。据《罗氏族谱》载:"学镰公,字瑞徽,号蔼驷,敕授州同知。生平仗义疏财,乐善不倦,修桥砌路,见义勇为,豸山半云亭,其所倡建也。"游人入亭观景,往往油然而生"石移云自定,风急鸟皆闲"的悠情和"梦想落尘寰"之仙念。古亭设在一面峭壁陡立、三面下临深渊的悬崖上,为四根圆廊柱、歇山顶式凉亭。亭柱楹联为亭名藏头格:"半壁丹梯天咫尺,云层觉路岭千寻。"亭处地势高峻,晨昏雨露,雾气迷蒙,似在云层之中。登亭之先,便可一路领略"芝茎湿路分瑶草,竹杖随云步玉台"的雅趣。

5. 丹梯云栈

丹梯与半云亭紧紧相连,峭壁上开凿十几步磴道,垂直如梯,游人需攀缘附壁而上。因岩石为红色砾砂岩,呈朱红色,故称"丹梯"。游人有诗赞叹:"百折丹梯上紫霄,月宫深处彩云飘。笙歌一曲霓裳舞,体态翩翩分外娆。"丹梯之上,沿峭壁开辟一条小道,路窄仅容一人通过,下临万丈深涧,称为"云栈"。栈旁岩石有一组摩崖石刻,为"丹梯""云栈""觉路""咫尺天",笔意遒劲,属书法佳品。凭栏远眺城关、田园、房舍、河川、道路、楼房、街市一览无余,如锦似画。

6. 滴珠岩

过丹梯、云栈，攀"云瞩堑门"，曲折前行，即抵滴珠岩。滴水岩高壁峭立，摩崖石刻琳琅满目，为全景区之最。其中有元代马周卿的"修莲峰记"和"冠豸""印松麓"以及明、清题刻数十处。岩间山岚氤氲、云蒸霞蔚，成为奇观。繁茂的松杉林木，衬托着缭绕的晨雾晓烟，形成"岚气"，使景区更显柔和、淡雅、协调。连城八景之一的"冠豸晴岚"即指此。邑人李文澜《冠豸晴岚》诗曰："万岫岚光雨后呈，更怜冠豸值新晴。烟痕淡向峰腰抹，霁色遥从顶生。亭接半云看隐约，天开一线认分明。况当夕照余霞散，锦绣图披画不成。"滴珠岩顶的清泉随风飘洒，点点滴滴，如串珠垂挂。游人到此，多张嘴承接水珠，以为乐事。

此处观赏冠豸山夕照也富有情趣。清代理学家童能灵在《冠豸山夕照赋》中叙述："夫豸山清出，冠压群峰；夕照澄鲜，美逾朝暮。故照吞山而低回，山傍照而徙倚。妙赴妙以繁会，光磨光而旖旎。当此之时，琪草流馨，寒泉带喜。"夕照的景观，美逾仙境。

7. 凝碧山房

凝碧山房昔为"五贤书院"中的一景，民国初年被焚毁，仅存遗址，20世纪80年代由旅游部门重建。清乾隆六年（1741年），主持兴建"五贤书院"的连城知县秦士望，曾有《凝碧山房》诗曰："久约青山订素盟，云峰矗立眼前生。窗临绝壁摊书坐，路绕回塘叉手行。天外雨飞襟袖爽，谷中泉响梦魂清。韬踪一日能千古，愧向尘嚣齿姓名。"

重建的凝碧山房，位于冠豸西北侧悬崖险处。山房依崖构筑成方形歇山顶框架式双层高楼，柱梁、窗棂，雕饰古朴，色彩艳丽。屋面琉璃碧瓦，飞檐翘角，古雅壮观。楼西侧为万丈深渊，崖石嶙峋；北面崖石高丘；南面倾斜而下，岗阜起伏；楼后依山建有小型宾馆住房，可供游人歇宿；楼东有斜翘巨崖悬臂前伸，如敞口大厅，设茶座及饮食部，供游人品茗、小食及宴饮之需。

登楼览胜，清风徐来，沁人心脾；仰观灵芝、五老诸峰，巍峨高耸云表，分外壮观。夜宿山房，遥看城区万家灯火，晶莹闪烁，平添许多浪漫。

8. 竹安寨

竹安寨是冠豸山风景名胜区中的一个景区。它远离市井喧嚣，隐匿于寂寥、偏僻的山野。曾经是易守难攻的避难之所，如今已成一道记载冠豸山历史的人文奇景，吸引着游人前去解读。穿行于竹安寨景区，"险、奇、壮观"三绝奇景世间罕见，令人叹为观止。景区"险"在"摩天岭"，沿陡峭山脊开凿的365级狭窄石阶天梯，直插云霄，两侧是深涧绝壁，惊险异常。景区"奇"在"寿星石"，一座庞然大山，天工造物，造就一处老寿星奇景，眼、鼻、眉、须栩栩如生，让人可亲可敬，堪称天下第一，真是人有长寿秘诀、山有益寿神韵。景区的"壮观"则在"水门墙"。它是一面十分方正，高宽皆有数千米，厚度数丈的岩石墙体，拔地而起耸立成一块屏障，边缘垂直成门，墙面就像有溪水流淌般波光荡漾，因此得名"水门墙"，据说，这是远古造山运动时岩层断裂而成的。穿过幽幽深谷，攀爬"摩天岭"，直达峰顶，巍巍群山、崎岖山道，一目了然。过寨门，山窝平夷处，树木杂草间，寻寻觅觅古老山寨的残骸遗迹，一个古老的传说跃然而出。据史料记载，公元1857年"太平军"石达开部队进占连城，一些富豪将此地视为最佳避乱之所，于是在此建寨取名为"竹安寨"。寨内依山势建屋39间，厅堂、居室、厨房、仓檩一应俱全；大猫山顶石崖上开凿一方天池，积蓄雨水，供饮食用；通往后山处亦筑一道堑门，设防把守，切断通道；摩天岭顶也有一道堑门，炮台、枪眼俯卫石阶唯一通道，有一夫当关、万夫莫开之险。传说虽无从考证，但是附会在灵山秀水之上，倒也增添了几分人文色彩。

冠豸山竹安寨摩天岭

冠豸山竹安寨水门墙

9. 石门湖

坐落于冠豸山东南的石门湖,面积四百多亩,四周环山,如一块翡翠镶嵌在冠豸山的险峰奇谷中,是连城昔日八景之一的"石门宿云"所在地。要深度感受石门湖的清幽以及风景如画,荡舟其间无疑是最好的方式。登上游船,缓缓前行,船桨划破波光潋滟的湖面,推动着小舟时而穿过狭窄的峡谷,时而闲庭信步开阔的湖面,"水转山间走,山回水中行",山风习

冠豸山石门湖全景

连城冠豸山石门湖近景

习,清凉舒坦。山在慢慢后退,水在慢慢后退,眼看就到湖的尽头,"山重水复疑无路",却"柳暗花明又一村",豁然开朗处曲径通幽,山环水绕,水傍山立。一个个活灵活现的水面奇观,历历在目,一景接一景,一画连一画,让您亲历"人在画中游"的惬意旅程。偶尔,一两只白鹭、野鸭,从湖边的绿林中飞出,掠过水面,生机盎然,引来无数游人惊叫。石门湖旁边有一块奇石,因形如女性生殖器而被命名为"生命之门",它以独特的身姿诠释着大自然的神奇,同时也吐露着冠豸山这本"生命大典"的博大精深。另外,石门湖携同小三峡、双乳峰、猴孙撞钟等景点一起组成的石门湖景区,游历其间,相信定能让你发现更多美景的。

10. 仰云亭

凝碧山房楼北高阜建有仰云亭,它背倚灵芝、五老二峰,面临绝壑,与李氏修竹书院、谢氏东山草堂鼎足而立。亭为四方柱歇山顶式凉亭,简朴、幽秀兼而有之。楹联为亭名藏头格:"仰瞻翠豸思先哲,云护金鸡映晓霞。"从亭正面俯瞰城郭和九曲文川,令人飘逸洒脱、心旷神怡。亭建于1983年,由侨胞周千和捐资。仰云是周千和之父名,他抗战时期在家乡独资创办"明耻中学",甚孚众望。

(二)龙岩龙硿洞——岩溶景观旅游资源

山水风光、人文胜景遍布的福建,有着众多大大小小的"洞",如将乐玉华洞、宁化天鹅洞等等,吸引着游客去寻幽探奇,而龙岩龙硿洞当属"洞"中出类拔萃者,"神仙洞府,天然迷宫""华东第一洞""洞中桂林"等诸多美誉加于一身就是说明。

龙硿洞,地处武夷山脉南段,位于新罗区雁石镇龙康村,距市区48公里,有福建最好的旅游公路直达。龙硿洞属喀斯特地貌,历史悠久。喀斯特地貌是指地表水和地下水对石灰岩、白云岩等易溶性岩石进行以化学过程为主、机械过程为辅的破坏和改造而形成的特殊景观。

据考证,龙硿洞形成于三亿年前的古生代,原是一片汪洋大海,经三次地壳运动和间歇演变而成,为我国现已探明的特大溶洞之一和国家4A级景区。

此洞早在唐朝时就已被发现,历代游人到此探奇访胜。迄今为止,龙硿洞已探明面积达54 000平方米,分上、中、下三层,有2条画廊、8个大厅、16个支洞、64处景观、3 000余米游程,空间宽敞;洞中有山,山中有洞;洞中有水,时隐时现;洞连着洞,洞套着洞,层层叠叠,曲径通幽;大小石钟乳千姿百态、亦幻亦真,真可谓"七情六欲皆备,瓜果稻菽飘香"。

1."三仙洞"

洞口地处山坳,四周山石嶙峋、林木茂密。洞口上方,原国家旅游局局长刘毅先生题写的"龙硿洞"三个飘逸遒劲的大字,赫然入目。入洞口处,为一个大小可容纳数十人的"三仙洞",举首仰望顶壁上有一些模糊不清的字迹,据说这里是抗战时期部分台湾抗日爱国民众在此活动的遗迹,为这个天然溶洞增加了历史的分量。

2."三仙门"

"三仙洞"前面,是"三仙门",三门并列,左为幸福门,中为平安门,右为发财门。俗话说"平安是福",迫不及待穿过平安门,抬头见右边石壁上一平坦开阔处如一张大床,"床"上有石状若睡枕,人称"仙人床",传说上"床"躺一躺可保一生平安长寿。

3. 一线天

沿着鹅卵石铺砌的小径往前走,便是很多风景区都有的"一线天"。不过,这"一线天"有点神奇,仰头不见天,亦不见一缕阳光,只见一齿状豁口罩一团迷蒙的折射光,全洞采光通风皆凭此豁口,增添了洞里的神秘气氛。再往前走,一幅"旭日东升图"展现在眼前,气势宏大,令人精神为之一振。

4. 观音洞

啧啧称奇中转入第一个洞中大洞"观音洞",脚下是一块开阔、层叠的"仙人梯田",田中水波潋滟,永不干涸;田埂蜿蜒,梯次清晰,映着红日白云,让人神思遄飞。田端隆起一卧石,状若一大一小两只耕牛正卧于一汪清水中互舐休憩。一尊钟乳观音,白衣素裹,亭亭玉立。

观音洞

5. "龙伞"奇景

出第二个洞中洞,前往第三个洞中洞,途中见一蘑菇状石伞,张锦成盖,伞面钟乳密布,这便是人人皆知的"龙伞",人言钻在"伞"下绕一圈或抚摸它,就可保平安如意,故又称"护身龙伞"。"龙伞"已成为龙硿洞的一大奇观及其标志性景物。至于其成因,至今仍是一个谜,引来了不少地质专家到此考察。

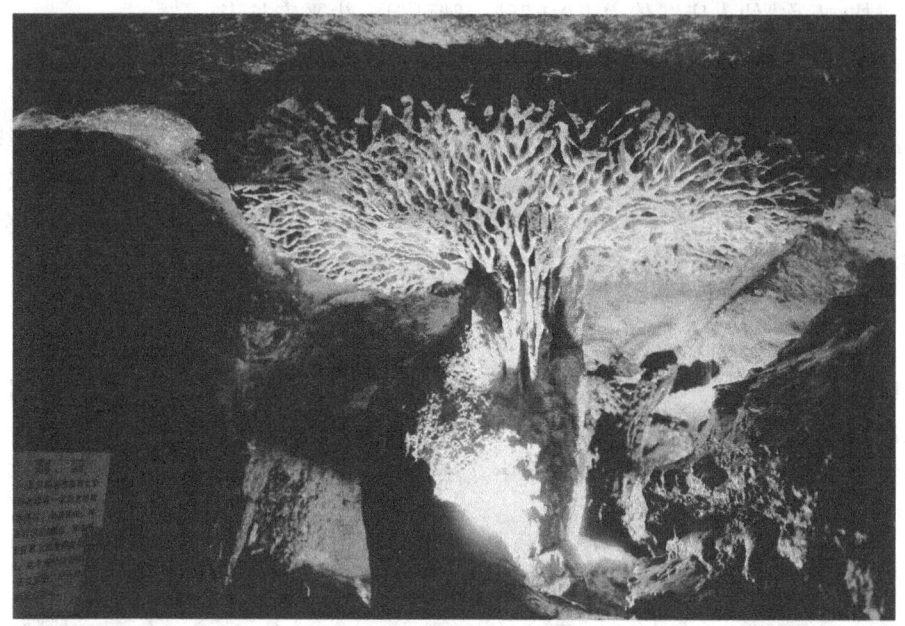

龙硿洞龙伞

在龙硿洞中,以龙蛇状名的石景颇多,如一条"白龙",由石灰岩凝结于洞中石壁顶部,龙身颀长,时隐时现,张牙舞爪,凌空飞舞,十分逼真。龙康村中龙硿洞,龙硿洞中"龙""蛇"漫舞、"龙伞"护身,龙硿洞外又有龙井、龙蛋石、龙须瀑、龙潭湖等交相呼应,龙文化内涵丰富。由此顿悟,之所以称为龙硿洞,盖源于此。游于洞中,如入龙宫,所见所闻皆与"龙"有关。

龙硿洞龙宫

游于洞中,又恰如穿行画中,奇异绚丽的石笋、石柱、石花、石幔、石盆,发育完整,比比皆是,鬼斧神工,仪态万千。可见水柱高处喷涌,又可观水滴点点下落;可静听水声,又可下潭嬉戏。贯穿洞中的地下暗河,水源难觅,时而闻其声不见其踪,时而见其踪不闻其声;时聚时散,终年不见天日,却不定期潮涨潮落,变化无常。有了水,寂寥古洞多了几份生机和情趣。这也是天下溶洞不可多得的一大奇景,正所谓"山得水而活,洞因水而奇"。

6. 原野风光

乐颠颠地来到出洞口,这是一个暗河出口。弃岸登舟,意犹未尽地荡起双桨,摇船出洞,亦为龙硿洞之游洞特色。出得洞口,豁然开朗,一片湖光山色扑入眼帘,方才醒悟传说中"天上一日,人间千年"那种时空跨越感的浪漫神奇。

7. 龙潭湖

龙潭湖水,洞中流出,特别冰凉清澈;湖中群鱼游弋,赏着倒映水中的山景,怡然自得。四周群山环抱,苍松挺拔,修竹茂密,云海缥缈;百年古树数不胜数,蔚为壮观。万竹园、古树林、潺潺山涧、红瓦白墙的亭台水榭点缀山间,美景动人。

时至秋日,百年古桂繁花盛开,香飘幽谷;枫林尽染,色可红天,间以翠绿修竹,红绿交加,煞是壮观。龙硿红叶,美景难寻;原野风光,美丽动人。

(三)漳平九鹏溪景区——国家4A级景区

漳平九鹏溪景区位于福建省龙岩漳平市南洋乡,是天台山国家森林公园核心景区之一,为国家4A级旅游景区。景区充分发挥茶山水景特色,围绕"水上茶乡"定位,以水体景观为主体,融合森林旅游、人文旅游等特色。明代航海家王景弘从这里走向了世界,徐霞客曾两度泛舟九鹏溪。

九鹏溪层层叠叠的茶园随山势起伏,山风吹拂,宛如绿波荡漾,连空气中也弥漫着清幽的茶香,在此作一番亲近自然的野游,置身于碧绿的茶园茶丛中,令人心旷神怡。九鹏溪两岸山势险峻,古木参天,多是葱茏的原始阔叶树林。原生态的森林环境,造就了幽爽清新的空气,空气负氧离子含量达到每立方厘米9 820个以上,是一处不可多得的天然氧吧。景区中的水域长达七公里,清澈的水流,色彩斑斓的山林倒影,构成生机勃勃的山水画卷,使人有"舟行碧波上,人在画中游"的感受。这里是各种野生动植物的聚集地,有各种奇花异草和珍禽走兽。每年年底到次年的初夏,总有一大群鸳鸯飞临此地,在这水质清纯、环境优美的地方过冬,为景区增添了爱的温馨,传播爱的信息。

九鹏溪景区于2004年正式开发,已建成九鹏溪食府、公馆茶轩、茶田观光、水上别墅等景区服务设施,开通往返14公里的水面游览线路。

九鹏溪景区

1. 九鹏迎宾

景区标志物——九鹏迎宾,是根据九鹏溪的美丽传说建成的一个假山造型,九鹏展翅,欢迎光临!九鹏溪位于九龙江的上游,相传古代有九只大鹏在此展翅直冲云霄,由此得名九鹏溪。鹏是古代传说中的一种神鸟,庄子在《逍遥游》中描述到鹏,在水为鲲,在天为鹏,胸怀大志,向往高飞,一展翅则九千里,自由翱翔于天地山水之间。

九鹏迎宾

2. 九鹏峡谷

九鹏溪发源于国家森林公园天台山。这里水质清澈,平均水深约 40 米,水中盛产天然的鲤鱼、鲢鱼、草鱼、鳗鱼、河虾和乌龟等。九鹏溪的两岸属于次生阔叶林,原始的自然风光与九鹏溪形成了一幅秀丽的风景,使这里成了水上观光胜地。

春天水清如镜,两岸山花怒放,茶香宜人,采茶姑娘满山舞,赏烟雨九鹏溪,听山歌看山花烂漫。夏日休憩于水上长廊,清风拂面,心旷神怡,难得远离尘世喧嚣的清凉。秋季红枫片片,满山野果玲珑剔透,望之垂涎,水中柔波脉脉,聆听鸟叫虫鸣,夜色撩人。冬晨湖面水气弥漫,赏鸳鸯,品清茶,闲云野鹤,快活似神仙。

3. 霞客广场

徐霞客(1586—1641 年),名弘祖,字振之,号霞客,江苏江阴人,明代伟大的地理学家。徐霞客从 22 岁出游"问奇访胜",历时 34 年,足迹遍布 19 个省区,行程数万里,毕生献给了旅行考察事业,并写下了科学巨著《徐霞客游记》。

徐霞客从 1616 年至 1630 年,曾先后四次入闽,其中在 1628 年 3 月和 1630 年 8 月两次抵达漳平。1628 年 3 月 27 日从永安抵达宁洋城,4 月 1 日沿宁洋溪抵达漳平。其间留下了三则日记,描述了九龙江源头马山岭的壮丽景色和自然地理位置,宁洋的建置沿革以及宁洋溪石嘴、溜水、石壁三大险难的壮观奇景,并作出了比欧洲人早一百年的"程逾迫则流愈急"的流速与流程成反比例的科学论断。

徐霞客广场

4. 落霞谷

落霞谷,顾名思义,在峡谷里能看到落日的霞光。山谷中,鸟儿在枝头上欢快地唱歌,似乎是在欢迎游客的到来,还有那拖着长尾巴的喜鹊一路相随,伴随着进入山谷。在峡谷的一个小瀑布前,每当阳光斜射在这山谷的时候,都能看到一道美丽的彩虹!也许静静地坐在山谷的一个角落,就能体验到《神雕侠侣》里杨过和小龙女所住的山谷的清幽与静谧,飞鸟走兽、落花流水、亭台树藤,一切都显得自然,让人真正融合到天与地之间!

5. 水岸茶园

水上茶园种植面积100多亩,海拔600~800米,空气清新,水质纯净,雨雾充沛,独特的绿色生态环境非常适合种植水仙茶和铁观音。茶山一年四季景色宜人,特别是到了清明时节,茶山云雾茫茫,采茶女采茶于茶树之间,茶歌悠扬,茶客们上山问茶、品茶,别有一番茶山情趣。南洋水仙茶好喝好用,这与其生长的地理环境有密切的关系。常言道:高山云雾出名茶,极品水仙正是用生长在常年云雾缭绕、光照适度的高山坳里的茶叶精制而成的。

水岸茶园

漳平水仙,历史悠久,相传乾隆皇帝下江南至福建品茶后欣然赐名。水仙茶的来历还有个美丽传说:相传从前,南洋的村头有个水帘洞,洞口有棵大茶树,长年枝繁叶茂,青翠挺拔。洞里住着个仙女,她风姿绰约,总是来无影去无踪。这位仙女不止外在美,内在心灵更美,每当村里有人患病,她就会神奇地来到病人跟前,并且悄悄地送给他几片从洞口大茶树摘来的茶叶,让病人熬汤喝一喝或者洗一洗,就会药到病除。后来仙女被召回天宫。人们为了纪念她,就给那棵大茶树定名为水仙茶,并且常用那茶叶泡水来止渴、防病。据说,南洋茶乡的水仙茶就是从那棵大树繁衍开来的。

水仙茶,属乌龙茶,只有强身健胃、消脂减肥、止痒消肿去毒等功效,是茶中之秀。水仙茶有散茶和茶饼两类,现以散茶居多,但古时一般都是茶饼。茶饼的制作工艺十分奇特,既不像绿茶,也不像红茶,属乌龙茶,但跟一般乌龙茶比也有独到的地方。整个制作工艺经过晒青、摇青和杀青三个程序,杀青后取出放入操作机揉捻至茶青,卷曲成条状,然后把茶青积压成块后包上白纸,置焙笼上烘烤。焙干时间长达一天以上,形成水仙茶饼特有的品质特征,它不仅便于携带,又便于保存。这种水仙茶饼享誉全国,在国内外博览会上还多次获得金奖。

6. 木屋别墅

宋代著名诗人苏轼曾在诗中写道:"宁可食无肉,不可居无竹。无肉令人瘦,无竹令人俗。人瘦尚可肥,士俗不可医。"寓意高风亮节之君子,表现了中国文人对竹的情有独钟。

百竹园内有生长极速的楠竹,点点泪斑的湘妃竹,秀丽文静的水竹、文竹,温柔翩翩的慈竹,葱茏幽幽的箭竹,造型独特的雷竹等。入住百竹园别墅可以让人体会山林之美、自然之静,夜里让人体会的是一种宁静。放开心情,抛开城市工作的繁华和喧闹,正是旅游的另类享受。

景区内设有百竹园别墅和水上别墅两个休息区域,别墅采用木质结构。别墅的木制材料均经过 ACQ 防腐处理,可以保证 15~20 年不腐,防白蚁侵蚀,没有任何的污染和放射性物质。别墅冬暖夏凉,节能环保,造型古朴典雅,具有高度的审美和实用价值。

水上别墅建在九鹏溪湖面上。居住在其中,让你有种水上悠哉,渔歌唱晚的感觉。水上别墅的木制材料采用加拿大进口的红雪松。加拿大红雪松含有天然萃取物,无需再进行防腐和压力处理,可以保护木材不受昆虫及真菌、白蚁的侵袭和腐蚀,稳定性极佳,使用期限长,不易变形,不会对环境造成污染,用于特别干燥或特别潮湿的环境中,使用年限长达 30~50 年,是高品质的天然防腐木。由于红雪松清淡的香气,遇水愈浓,在使用过程中能抑制真菌、霉菌等日常细菌。

木屋别墅

7. 九鹏食府

九鹏食府是景区的用餐场所,汇集了漳平的各种特色小吃,如萝卜糕、米浆果、团圆糊等。食府建筑采用围楼式风格,外形构造模仿著名的永定土楼,具有浓厚的地方特色。

8. 公馆茶轩

公馆茶轩,是游客品茶、休闲、观赏水光山色的休闲场所。古时候这里是宁洋县和漳平县的交界处,既是军事要塞,又是闽西北通往漳厦的水路要道,两县公文亦在此交接,因此官府在此设立公馆即驿站,供来往官员休息及处理公文,公馆茶轩由此得名。

(四)梅花山——国家级自然保护区

1. 梅花山

国家 A 级自然保护区梅花山,地处新罗、上杭、连城的交界处,总面积22 168公顷,有"神奇的宝山""回归荒漠带上的绿色翡翠"等美称,与云南的西双版纳、广东的鼎湖山同称为"北回归三宝"。

梅花山以其独特的地质、地貌、植被和气候,形成了多层次、多类型的自然旅游资源。梅花山峰峦叠嶂,区内平均海拔 900 米,是闽江、九龙江、汀江发源地,有"八闽母亲山"之称。境内动植物种类繁多,名贵树种有花榈木、福建青冈、紫楠、红豆杉及四方竹、人面竹等。值得一提的是梅花山竹笋四季香,世界上的竹类共有 487 种,中国有 276 种,而梅花山就有 65 种。

梅花山优越的森林生态环境,为野生动物的生长繁衍创造了得天独厚的条件,使得这里成为"野生动物避难所""天然动物园"。这里有兽类 100 多种,鸟类 300 多种,两栖类 30 余种,爬行类 60 多种(其中蛇类 58 种),山溪鱼类 36 种,浮游动物近百种。其中珍稀动物有华南虎、金钱豹、云豹、羚羊、黑麂、黄腹角雉、白颈长尾雉和蟒蛇等 55 种。梅花山自然保护区的昆虫资源特别丰富,尤以珍稀品种繁多而驰名。如世界罕见的珍稀蝶种——金斑喙凤蝶和中国宽尾凤蝶,在日本被誉为"国宝"的稀世珍品——长臂金龟等等,是研究动植物分类、森林生态学理想的科研基地。

此外梅花山区有不少地质奇观。有地理学家称闽西梅花山区可以看出 7 亿年来整个福建省地质历史的演变过程,称得上是一个"地质博物馆"。梅花山有三大地质奇观:水流三州(江)顶、产"蛋"的山谷、奇特的"鲜水溪"与"汶(混)水溪"。

"水流三州(江)顶"——在连城县曲溪乡黄胜地,有一座海拔约 1 100 米东西走向的凤山,山上水源分别注入福建的三大水系即闽江、九龙江和汀江,故名"水流三州(江)顶"。登上山巅,鸟瞰三水分流,堪称地貌奇观。

产"蛋"的山谷——在梅花山境内的大源村外有一条山谷,谷底地层时常涌出带棱角的石头,形成一条石砾带,头尾皆是黑褐色的块石堆积,布满苔藓,年代久远。中间数百立方米,是近年来涌出地面的块石堆,在绿色山谷里泛着白光,十分有趣。民间传说地下有对"乌龟精",故称这一现象为"乌龟产蛋"。

奇特的"鲜水溪"与"汶(混)水溪"——从梅花山核心区高山峡谷奔泻而来的两条清澈见底的溪流,在连城县莒溪乡隔溪口桥下会合时,产生奇妙的景色:二水中分,右边是碧绿透底的"鲜水",左边是乳白混浊的"汶(混)水"。不管旱季雨季,皆如此景色。同一品种的鱼,产于"汶(混)水溪"的鱼头味正,产于"鲜水溪"的鱼头则微苦。

梅花山区不仅是动植物资源的宝库、地质学家的考察对象,而且有着独特的美丽风光。登上高峰俯瞰,只见群山碧绿如海,远近华盖般的古树在阳光下闪烁绿光,使人产生"连泥土都是绿色的"幻觉,犹如进入仙境。

梅花山天诉池

2. 中国虎园

(1) 中国虎园

虎园位于梅花山自然保护区的边缘,海拔1 250米,园区面积4 794亩、缓冲区面积2 522亩。该园是龙岩市委、市政府于2000年8月投入巨资率先在全国实施的华南虎拯救工程,是以开展华南虎人工繁育、半野化、野化豢养,保护生物学和遗传学研究为主体,以森林景观为基础,集科学研究、科普教育、生态旅游和猎奇为一体的多功能森林动植物园。园区内现有"五区一山一堂一池一场",即华南虎野化繁育豢养区、珍禽区、梅花鹿区、猕猴区、森林植物园区、尖峰顶、和人堂、天诉池及森林浴场。

(2) 食草野生动物繁育养殖区

食草野生动物繁育养殖区位于园区中部,面积为70.1亩,区内动物有梅花鹿、黄麂、苏门羚、孔雀和环颈雉等,都是华南虎的主要食物链。这些动物在梅花山自然保护区分布数量大,是华南虎野化捕食、恢复其"百兽之王"的威望和繁衍后代所需要的食物。

梅花山中国虎园

(3) 猴区

猴区位于虎园的东北部,面积36.3亩,园内植被茂密、绿树成荫,有许多猴类喜食的植物果实,是猴类理想的栖息地。猴区所依托的山叫尖峰顶,海拔1 432米,山上森林茂密、怪石遍布,素有"山中有林、林中有石、石中有景"之美誉。如佛祖迎客、美人探足、北京猿人等自然景观栩栩如生,数不胜数。

(4) 和人堂

和人堂位于虎园中心地带,面积732亩。和人堂前面是梅园和天诉池,梅园里留有当代著名古典文学家、画家、书法家、文物鉴定家、诗人和教育家启功先生的墨宝"傲骨",为中国虎园增添了几分诗意和色彩。

(5) 森林浴场

森林浴场内森林覆盖率为93%以上,绿化程度达到97%,空气负氧离子含量比一般地区高出8倍以上,可谓是一个原始的绿色王国。区内阔叶树种繁多,藤缠树绕,林木荫郁,境幽地寂、空气清新自然,还能看到天然瀑布,漫步其间可以清心洗肺,使人很快解除疲劳,消除烦躁,神清气爽。

(6) 华南虎研究所

华南虎是梅花山的标志性动物,因其独产于中国,故被称为中国虎,其典型的特征是头部有鲜明的"王"字斑纹。华南虎是哺乳动物中最凶猛剽悍的大型食肉动物,是猫科中的大型猛兽。它没有固定的巢穴和栖息地,喜单独活动。

梅花山华南虎

华南虎历史上曾广泛分布于华东、华南、西南等十几个省市,20世纪50年代尚有4 000余只活跃在中华大地上,然而短短的半个世纪后,由于生态环境恶化和人为过度捕猎,目前,我国野生华南虎仅残存20~30只,动物园圈养的也只有50多只,远少于大熊猫的数量,处于极度濒危状态。国际自然保护与自然资源联盟把其列为世界十种濒危物种之首,是最需优先保护的虎种。1990年10月至1992年12月,世界自然基金会猫科动物专家科勒博士一行在梅花山考察时认为"梅花山华南虎不仅保存下来,而且还在繁衍","是现存华南虎数量最多、活动最频繁的区域",至少有3个家族5只以上的华南虎存在,"是华南虎最理想的栖息地"。因此,梅花山自然保护区又被誉为"华南虎的故乡"。

2007年,福建省人民政府将华南虎推举为北京奥运会的吉祥物,得到了全国人民的广泛支持。

3. 红豆杉生态园

(1)红豆杉生态园

红豆杉生态园位于上杭县步云乡崇头村,地处梅花山南麓,海拔在900～1 200米之间,面积81.8平方千米,园内密集地耸立着3 000余株500～1 600多年的南方红豆杉,最高的高达50余米,最大的要五人合抱。

梅花山红豆杉生态园

南方红豆杉,又名美丽红豆杉、杉公子。它是白垩纪残遗的古老植物,已有250万年的历史,生长缓慢,天然更新非常困难,为国家一级保护树种,主要分布在北半球。红豆杉的木质坚硬致密,心材水红色,纹理直,结构细,坚实少开裂,水湿不腐,是红木家具的最佳选材之一。红豆杉全身都是宝,木材、树叶、树根、树皮中能提取一种新型高效的抗癌物质——紫杉醇,它的价格是黄金价格的180倍。因此,全国许多地区的红豆杉都被大量砍伐,而能像这里保护得如此完好的成片红豆杉林在全国实属罕见。目前该园主要开发了连理树、红豆杉王、将军林、至道生佛采药谷等景点。

园中有一株并体而生的红豆杉连理树,需四人合抱,高达 50 余米,树龄千余年,是园中的红豆杉王。距红豆杉王不远处,有一排整齐排列的红豆杉,被称为将军林。传说三国时云南边疆蛮王孟获被诸葛亮活擒后,其七子蛮通悄悄出走来到了梅花山。蛮通一心想要替父王雪耻,把自己的心思告诉了这里的山神。山神给了南蛮王三把麻子、三把豆子,告诉他这是神奇的豆将麻兵,一散下地就是将军兵卒。后来,孔明与孟获重和不主战,以礼相待。于是南蛮王就取消了复仇的念头,豆将麻兵就变为这一排红豆杉树,成了将军林。后来蛮通爱上了村里最美的姑娘,百年之后,他们变成了林中的连理树。

(2)"石猴出山"

石猴出山是区内一块象形石头。传说红豆杉果的美味传遍动物界,一只猴子慕名而来,山神捧出最甜的红豆杉果让它尽情品尝。可这只贪心的猴子偷偷地爬到树上将整个林子的红豆杉果全装到自己身上的大口袋里。后来山神发现了,便将其点化成石,永远定格在了这里。现在石猴上刻着启功先生的墨宝"静观"两字。

(3)"至道生佛采药谷"

采药谷纪念的是当地的一位高僧——至道和尚。明万历年间,至道和尚张清朗在马头山建寺,他医术高明,常行医乡间,倍受尊敬,常到红豆杉林采集红豆杉果等名贵中草药。至道和尚圆寂后,肉身不腐,被供奉至今,他留下的 100 枚药签供求卜,非常灵验。后人为纪念他,就将其采药处称为至道生佛采药谷。

爱国诗人丘逢甲祖籍上杭,曾于 1907 年回上杭,并漫游梅花山,在红豆杉林山道上驻足眺望巍巍梅花山,顿时诗兴大发,写下了"梅花十八洞中天,闻有桑麻未垦田。洞口云封人不到,空中楼阁住神仙"的七言绝句。后人把丘逢甲作诗处称为"丘逢甲赋诗台",以纪念这位伟大的爱国诗人。

除了南方红豆杉外,这片林子还零星分布着福建柏、浙江楠、红润楠等国家级保护植物,还有七叶一枝花、凉伞子等珍贵中草药,具有重大的科研保护意义。

(五)武平梁野山——国家 A 级自然保护区

武平县城东北,有座梁野山,亦称梁山顶,居古"武平八大景"之首,被誉为"梁野仙山",现为国家级自然保护区。自古以来,武平人视它为武平的象征。梁野仙山,横亘东南面积 7 000 多公顷,沉睡千年万年,保存着世间一方完整的天然原始森林群落,蕴藏着丰富独特的物种资源与自然景观,是一颗"绿色明珠"。

梁野山自然保护区以南方红豆杉种群及观光木林、钩栲林等稀有的原生性森林生态系统为主要保护对象,国家一级保护植物南方红豆杉天然分布面积近万亩,钩栲林保存非常完好,处于原始状态。梁野山是目前国家级自然保护区中面积较大的保护区。这里自然生态环境独特,动植物资源丰富,有抗癌树种南方红豆杉、濒临灭绝的半枫荷、蜚声中外的猕猴桃;有国家一级保护动物黑麂、蟒蛇等,被誉称为"生物物种的基因库"和"野生动物的避难所"。

梁野山自然保护区旅游资源丰富,风景秀丽,环境优美,有梁野山寺庙、鼓子石、仙人洞、仙人塘、猪麻石、水浪石、黄石瀑布等自然景观。

梁野山黄石瀑布

1. 古母石

古母石悬空而立山顶,看似摇摇欲坠,却是稳如泰山,恭候着每一位游人登顶,饱览无限风光。石本平常,但一个神奇的民间传说,让它成了顽强不屈、卓尔不群的武平人的精神标杆,被雕塑成梁野山的魂与魄。

梁野山古母石

2."仙人洞"

仙人洞距古母石约500米,藏在陡峭山坡的一片荒芜中。相传,这里是定光古佛修炼之处。几近湮灭的古洞经重新发掘整理,洞前白云寺遗址重见天日。

3. 白云寺遗址

岁月沧桑,唐代白云寺已遭毁弃,仅存遗址。但山上的宋代梁野山寺依然如故。尽管山高路远,几经兴毁,但它依旧香火旺盛,名震闽粤赣。武平人难以抹去白云寺在心中刻下的深深印痕,因此一直沿用习惯的说法,称梁野山寺为白云寺。寺中祀奉定光古佛。定光古佛是客家人的保护神,深受百姓虔诚信仰。

寺前藏一池水,占地3 000多平方米,处绝顶之上,静静地躺在矮小山岗的环抱中,在浩渺苍穹的掩映下,宛如人间仙境、天上瑶池。池水清澄碧绿,山色倒映,那般安详,那般明净,那般亮泽,让人怦然心动。这就是梁野山顶的白莲池,一幅无言的风景。

(六)上杭西普陀

西普陀是闽西普陀山的简称,地处上杭县城东北部,占地约18平方公里。西普陀建于宋盛于明,以佛法传名,禅香盛世,为闽、粤、赣边区著名的佛教圣地。它与浙江东普陀、厦门南普陀、长春北普陀,同宗临济,以供奉观音闻名,形成中国四大普陀。

西普陀的开山比丘是一位法号"香林"的大师。香林大师是湖南省江华县人,于1612年到达西普陀。他主持西普陀寺时,使西普陀成为明代闽、粤、赣三省边区最大的佛教圣地之一。

西普陀经历了从辉煌到衰败的历史。传说西普陀在清初时为明王朝"反清复明"的基地,因战乱和兵燹,山上众多文物古迹惨遭破坏;又因为清乾隆间的两次火灾,山上的殿宇庙堂成为历史遗迹;又据《上杭文史资料》记载,公元1857年至1866年间,太平军断断续续在上杭白砂、旧县、临城等地活动了九年,而西普陀地处三乡交界,难逃劫难,西普陀的佛事由此衰败。值得庆幸的是山内遗留的香林塔、金玉顶等文物仍然保存尚好。另外,还有云霄殿、书堂寺、众圣庵、土地堂等遗址群,梅园、枫树林、古藤园等景点。

1. 梅园

梅园里遍植梅树,根据地势高低,倚山植梅,以梅饰山,别具特色,是上杭赏梅胜地之一。杭梅是上杭著名土特产之一,已有六百多年的栽培与加工历史,曾为朝廷贡品,如今腌制加工的系列产品及梅酒等远销日本和东南亚等地。杭梅皮脆肉厚,酸甜可口,有清热解毒、化痰润肺、止渴生津等药效,有很高的保健药用价值,深受中外游客青睐。

2. 枫树林

枫树林面积约为3 000平方米,种有近千株枫树。山中的枫树最大胸径达1.83米,最高达25米,有近600年历史。这里是全省枫树最多、面积最大的枫树林,在全国也较为罕见。若秋天繁霜过后来到这里,层林尽染、满目红艳,为游人展现出"停车坐爱枫林晚,霜叶红于二月花"的绚丽图景,为西普陀圣地增添了更多的意境和色彩。

西普陀枫树林

3. 古藤园

古藤园以古树参天,藤蔓缠绕,盘根错节而得名,海拔约 600 米,占地面积为 4 000 平方米,具有原始森林的特征,最老的树种直径达 3 米,有近千年历史。区内以阔叶林为主,含乔、灌木等上百种,其中国家二级保护濒危树种 2 种,福建一级、二级保护树种近 10 种。园内的石阶路,已有四百年的历史,是西普陀悠久历史、香火鼎盛的见证。

古藤园里有中间回缠、形如少林寺的"少"字的"少林藤";有像一条巨龙缠绕在树上,又像一只猛虎伏在地上的"盘龙伏虎"藤;还有瀑布藤、蜘蛛藤、金蛇藤等奇形怪状的古藤。禅林神韵,古藤陶情,有"曲径通幽别洞天,古藤遒劲互缠绵"之情景。

古藤园内还有一个白蛇瀑。相传,有一年大旱,西普陀方圆几十里草木枯黄,人畜饿得奄奄一息。主持香林大师忧心如焚,跪求苍天降雨,然苍天无雨。香林大师以头磕地,血流满地,声震山谷。此情此景感动了一只修炼千年的白蛇。白蛇奋力钻入巨岩,经过七天七夜的努力,岩壁出现了洞罅。一股清澈山泉喷溅而出,涌向山涧,树木再绿了,人畜得救了。那条白蛇却耗尽功力,身体再无力钻出山谷,只有头部永远定格在后山。这个瀑布因此叫白蛇瀑。

4. 练武场

是当年香林大师率领百名弟子练功习武的场所。相传香林大师为了将中华武术发扬光大,组织山上的僧众四五百人在这里练武,每天早上练武场上喊声震天。现为游客休息的场所,游客在此可品尝到客家风味小食,以及用西普陀圣水泡制的禅茶,淳洁浓香,甘甜可口,提神醒悟。

5. 云峰寺

云峰寺坐落在半山腰,祥云笼罩、若隐若现,犹如天外蓬莱,故取名为"云峰寺"。云峰寺始建于明万历四十年(即公元1612年),现在的建筑是按原样复建的。云峰寺是圆形的建筑,突出佛教的"圆"字(修炼圆满),也验证了寺庙一副对联:"上上有天天在上,圆圆像月月团圆"。

云峰寺以供奉观音闻名,正堂供奉着观音神像,两边墙壁上画了观音菩萨的侍从及40幅不同化身的观音圣像,意味着众生不管有什么困难,观音都会化身成相应的菩萨前来解救。

云峰寺对面的山峦中有一座很有特色的山,叫合掌山。它像高僧双手合掌朝拜观音菩萨。据传观音菩萨从金玉顶降下云头在这里停留了很长时间,对面的所有山神聚拢来拜,形成了今天的合掌山。

6. 金玉顶

金玉顶海拔1 003.7米,是西普陀风景区的主峰。传说观世音菩萨从浙江普陀山返回西方极乐世界途中经过上杭县城,看到上杭景致迷人,便情不自禁在西普陀最高峰降下山头,命金童、玉女在山顶等候,自己顺着山势一路飘降。左边的净瓶峰相传就是菩萨搁在这里的净瓶。这山顶因金童玉女在此滞留而被称为金玉顶。

金玉顶上有座外圆内方古建筑,五米见方,四面开窗,八面条石砌成,内由数根石柱顶立,不存尺木寸铁,更为可观的是每块石条上都刻有文字,为建筑史上的"孤例"。据史料记载,它建于明万历年间,有四百年历史,为历代高僧闭关修炼的地方,虽经千秋风雨涤荡,但大门上方正中的石刻"金玉顶"三个遒劲大字历历在目,石栋梁上刻的"观风调雨顺,国泰民安;保五谷丰登,世平界静"等字样亦依稀可辨。现此古建筑已被列为县级重点文物保护单位。

7. 云霄殿

云霄殿是昔日香林大师讲经的地方,海拔980米,殿前有一具有数百年历史的石虎。传说过去山中有一只虎王凶残成性,常常抓捕过路的香客和寺庙的僧尼。有一次,虎王正追赶一个往云霄殿逃命的小和尚,香林大师见状后打开殿门,口吐莲光:"佛光普照,莲心圣洁,万物皆有灵。尔残害生灵,天怒人怨,本应严惩,但我佛慈悲,不忍加害。须积善从德,以修正果。"虎王听后,拜伏于地,从此休恶积善,最终修成正果。这只石虎便是那虎王的化身。

8. 书堂寺

书堂寺为香林大师为小和尚传授佛经的地方。据传,古时书堂寺旁的悬崖峭壁上长有一棵大桃树,初夏一到,仙桃累累。有一小沙弥秘言于一香客,说树为香林大师所栽,此果为佛果,吃了能长生不老,颐寿天年。于是引来众多香客争先恐后摘桃儿,有两人失足坠落山崖身亡。香林大师得知后异常悲痛,生怕惨剧重演,就来到悬崖边点化桃树:"愿且开花毋结实"。从此这棵桃树年年只开花不结果。

9. 香林塔

香林塔所处海拔为930米,是西普陀的"圣灵"之所。塔内珍藏着香林大师的佛骨舍利。香林塔高约6米,塔基约300平方米,系六角形的尖顶塔、六面由条石砌合而成,中间碑记清晰可见,刻有"临济派开山比丘香林大师和尚宝塔莲座"等字。此塔结构独特,属于"屋中塔,塔中塔"。塔后有个小孔,每天清晨第一缕阳光从小洞照射进去,不但可以起通风作用,保持塔内的干燥,更为奇特的是能使里面的舍利子闪闪发光,使整个香林塔都笼罩在一片佛光之中。与塔相对的一棵枫树,古老而沧桑,已有400年多年树龄了。塔前面对称的两块石条叫石龙旗护夹,象征地位及威望。

10. "银洞"

山林中有一个神秘的山洞,叫做"银洞"。据说这洞深不可测,里面有许多支洞,其中一个洞可以通往香林塔底下的地下道。此洞实为开矿的矿洞,周围都是矿石。据《上杭县志》记载:"山有银矿,咸(丰)同(治)间唐史标、华惟功等曾集资开采,以(因)不得法而止。"银洞上方摩崖隶书刻石"云洞"二字,是上杭籍中国书法家协会会员、闽西书画院副院长、闽西青年书法家协会主席陈柏永所书。

(七)龙岩国家森林公园

福建龙岩国家森林公园地处国家A级自然保护区梅花山南麓,属南亚热带,辖区总面积2 000多公顷,是一个以森林植物多样性、喀斯特地貌为主,风景林、大型溶洞及茂林修竹为主要特色,集生态旅游、科普教育、探险览胜和度假休闲为一体的综合性国家森林公园。

龙岩国家森林公园是一个不可多得的生物资源天然宝库,森林覆盖率达91%。这里植被保存相当完好,原始森林、天然阔叶林、次生常绿阔叶针叶混交林、中山草甸、竹林,层次分明;壳斗科、樟科、金缕梅科、木兰科、山茶科、木樨科、禾本科2 600多种植物应有尽有;南方红豆杉、银杏、闽楠、杪椤、水杉等大量珍稀树种分布其间,有的甚至连绵成片,蔚为壮观。更有虎、豹、鹿、獐、猴、喜鹊、白鹇、红嘴兰鹊等走兽飞禽出没其中。

1. 龙康景区

该景区以丰富的山林景观和复杂独特的喀斯特地貌见长,尤以素有"神仙洞府、天然迷宫"之称的国家4A级景区龙硿洞而闻名。龙硿洞洞中有山,山中有洞,洞连着洞,洞套着洞,层层叠叠,曲折迂回。其间奇异绚丽、仪态万千、神形兼备的景观随处可拾。龙伞、龙床、龙井、龙爪、龙蛋等,让人心思邈邈,浮想联翩。洞中暗河若隐若现,时聚时散,变幻莫测,倍添幽趣。溶洞周围山石嶙峋,林木茂密。春则苍翠秀丽,娇气欲滴;秋至枫林尽染,色可红天。

2. 江山景区

该景区以山奇闻名。"江山美人仰天骄",多少文人骚客为之流连忘返,吟诵不绝。此山轮廓清晰,宛如活生生的美女仰卧,既有东方女孩的娴雅文静,又有西方少女的丰腴活泼。走进"江山景区"的石山园,但见幽幽青山,绿树成荫,老藤缠绕,瀑布飞流,鸟鸣山涧,竹海呼啸，游人到此，仿佛走进世外桃源。丞相岩、石观音、一线天、仙袋长啸、冲天蜡烛等大自然鬼斧神工的杰作，点缀于茂林修竹之间，令人称奇。

除了自然景观迷人之外，龙岩国家森林公园还蕴藏着一个又一个美丽动人的故事传说。铜钵古城是宋朝文天祥在此屯兵驻守的历史见证；香林庙则诉说着闽西子弟、宋朝民族英雄郭铉兄弟英烈的故事；"无人村"里的土墙瓦顶、木棚竹寮、梯田菜畦，令人体验"采菊东篱下，悠悠见南山"的意境。

（八）上杭国家森林公园

上杭国家森林公园地处汀江中段，属亚热带季风气候区，辖区总面积4 830.65公顷。上杭国家森林公园神秘的禅林文化、完整的客家古山寨和罕见的红豆杉林为公园旅游提供了独特的旅游产品优势，是集生态旅游、朝圣旅游、健身旅游、观光旅游等产品体系为一体的多功能、高品位的森林公园。上杭国家森林公园分"西普陀""摩陀寨"和"红豆杉生态园"三个景区。

1. 西普陀景区

景区内金玉顶巍峨峭立，下望狮子峜、净瓶峰、白蛇出水，远望普陀山、合掌山，群峰竞翠，怪石遍布，"狮子峜""净瓶峰""白蛇出水"形成三足鼎立之势；"古猿望日""苍鹰兀立""盼归岩"翘首远望，蔚为壮观。山中枫树成林，晚霜时节，层林尽染；古藤老树尽吐岁月缠绵，杜鹃古梅尽显娇姿。"九天飞瀑""水帘瀑"相映成趣。此外，景区内还保留着众多的古代建筑及佛教圣地遗址，如金玉顶石屋、香林塔、云峰寺、云霄殿遗址等，具有独具特色的、丰富的佛教文化等人文景观资源。

2. 摩陀寨景区

景区内山清水秀，既有奇峰怪石、珍花异藤，又有幽谷仙洞、险关石墙。风动岩、武士岩、美女崖、九鲤过江石、撑篷石，群石并峙，别有情趣。此外，还有保存完好的"普济门"、古城墙、古寨石垒、古道及古驿站遗址，是闽西保存最完整的古寨遗址。

3. 红豆杉生态园景区

景区内耸立着3 000余株南方红豆杉，最高达30多米，有千年的红豆杉王，有两株连理而生的姐妹红豆杉，株株胸径都在1米以上，树龄在六百年至千余年，透着红色的树干爬满了苍老的青苔。此外，还零星分布着福建柏、乐东拟单性木兰等国家级保护植物，具有重大的科研、教学、保护意义。

（九）天台国家森林公园

漳平天台国家森林公园位于漳平市北部，2004年12月经国家林业局正式批准命名，总面积3 851.1公顷。森林公园的范围包括天台山景区、紫云洞山景区、九鹏溪景区三大景区。其中天台山景区1 179.3公顷、紫云洞山景区1 314.6公顷、九鹏溪景区1 357.2公顷。

1. 天台山景区

天台山位于漳平市西北部赤水镇香寮村和岭兜村境内,方圆数十里,重峦叠嶂,云雾缭绕,苍藤古树纵横交错,奇花异草遍野丛生。上天台有一片开阔的沼泽盆地,中间有座小山峰与前后两峰并峙,称"三宝炉峰",山上有龙潭石窟、飞瀑、古圆拱桥、丁香树林、古驿道、古庵天台寺和建于宋代的舍利塔等景观。明朝进士、户部员外郎刘锐有诗赞:"石磐一声天地晓,白云卷地鹤归来。"山边的岭兜村溪流清澈,景色秀丽,村中有成片古樟、翠竹和梅林,有穿云洞和钟鼓洞等石灰岩溶洞群。穿云洞口石壁陡峭,有明代摩崖石刻"凤翔千仞"四个大字,洞内钟乳石密布,形态各异,似荷花,似飞禽走兽,似盘足观音,栩栩如生,令人赞叹。山下香寮村是明初著名航海家王景弘故里,村口有始建于唐朝的香山石拱桥,桥头"王景弘故里"标志碑为原省政协主席游德馨所题写。

2. 紫云洞山景区

紫云洞山海拔1 634米,山势高峻,古树葱茏,云海涌动,有明代农民起义军邓茂七的古营寨。山上有各类珍贵的动物品种,还保存着大片天然次生林,有红豆杉、花榈木、伯乐树、毛红椿、闽楠、亮叶小蜡树、沉水樟等1 000多种植物,以及成片的野生杜鹃林。与紫云洞山相连的马山,是闽江支流沙溪与九龙江源流宁洋溪的分水岭,与永安市毗邻。马山峰峦叠嶂,高山环峙。山上古木苍郁,终年云雾飘绕,景色宜人。明代大旅游家徐霞客曾经步行路过,并在《徐霞客游记》中作了精彩描述。

3. 九鹏溪景区

宁洋溪,又名九鹏溪。九鹏溪为石狮坂电站库区,所在地南洋乡植被较好,森林覆盖率高。九鹏溪水库两岸拥有天然林面积1 773平方米,主要以次生林为主,其中还繁衍着金毛狗蕨等珍稀植物。在秋冬季节,还能看见国家珍稀保护动物——鸳鸯出没其间。

整个天台国家森林公园内的植物资源丰富,因为降水丰富、气候温暖、相对湿度较大,显现出南亚热带雨林的一些特征。现有各类植物197科1 300余种,其中有国家珍稀濒危保护植物桫椤、水松、银杏、红豆杉、毛红椿、金毛狗等20多种。森林中还孕育着各种各样的珍禽异兽,有天上飞的、地上跑的、水中游的,被列入保护的野生动物有:云豹、蟒蛇、穿山甲、猕猴、黑熊、灵猫、虎纹蛙、苏门羚(岩羊)、松鼠、龟、丛林猫等。丰富的动植物资源让公园充满了生机,展示了大自然的可爱和美丽。

(十)王寿山国家森林公园

王寿山屹立于广东省梅县桃尧镇黄沙村与福建省永定县洪山乡拓林村交界处,距离梅州城区70多公里,距离永定县城区60多公里,海拔1 243米,是闽粤交界第一高山,号称闽粤客家的庐山。该山山体庞大孤立,连绵20平方公里,方圆2.5万亩,其中天然阔叶林1.4万亩,山峰姿态奇妙,傲然挺立,脱离周围山体,自古被誉为闽粤赣边界中的名山胜景,素有"九峰十八景"的美誉。主要的旅游景点有棋盘石、蜡烛石、人字石、螳螂爬壁、米子岩、仙人桥、船头石、金龟奔月、半坡桃花源、一脚踏两省、罗汉叠石、蟒蛇藤、冈甲湖遗迹、地下石洞亭、王寿山亭、斗笠崇、卧佛山、仙人脚印……这些景观千姿百态、鬼斧神工、妙趣横生。

独特的自然环境形成了王寿山八大特色。

1. 高山湖泊

王寿山的水资源十分丰富,泉水汩汩,瀑布成群。在半山腰有一处80多亩空地,只要把泉水汇集起来就会形成一个天然的湖泊,远远望去像悬在半空中的天湖。冈甲湖遗迹就说明王寿山原来就有一个天然的湖泊。

2. 高山林海

王寿山连绵20多平方公里,覆盖着茂密的阔叶林,终年常青,永远生机盎然,四月间百花开放,五颜六色,花海翻滚,面积之大,景象之美,望之心醉。加上晨间鸟语,午间蝉啼,傍晚蛙鸣,置身其间令人心旷神怡。

3. 五月杨梅

王寿山各种野生果树资源异常丰富,其中五月杨梅堪称一绝。每年一到五月,山上的杨梅漫山遍野挂满枝头,又大又红的杨梅酸中带甜,风味独特。据当地护林员说,王寿山原来就叫杨梅山,因文人好弄玄虚取其谐音为王寿山。

4. 八月菇山

王寿山各种野生食用菌资源十分丰富,每年八月,山上的野菇长满路边溪头的枯叶腐土之上。如糍粑菇、青面菇、茄子菇、黄竹菇、鹅蛋菇、满菇、梨子菇、鲁及菇、灯笼菇、竹菇、油菇等十几种可食菇菌,不仅好看,而且好吃。

5. 高山飞雪

王寿山由于海拔高、森林茂密,在严寒的冬季,山顶常雪花飞舞,银装素裹,形成了南方人难得一见的美丽雪景。

6. 湖光山色

在王寿山的山脚下,位于福建省永定县境内的棉花滩水库,碧波万顷,波光粼粼,像一块碧绿的翡翠镶嵌在崇山峻岭之中,与王寿山相互辉映,湖光山色美不胜收。闽粤客家的庐山之称由此而来。

7. 三千石梯

王寿山位于福建省永定县境内的山脚下,采石砌路直到山顶棋盘石,大约3 800多级台阶,大大方便了游客,一步一景美不胜收,缓缓步行约两个半小时可到山顶。

8. 木石前盟

王寿山是一座青刚石山,满山巨石散落在森林中,形成了树根抱石、石缝生树、树藤缠石的奇特景观,让人不由联想到贾宝玉和林黛玉缠绵的木石因缘。

(十一)汀江——客家母亲河

汀江位于福建省西部,发源于武夷山南段东南一侧的宁化县治平乡境内木马山北坡,流经长汀、武平、上杭、永定四个县,在永定县峰市镇出境进入广东省,至大埔县三河坝与梅江汇合,是韩江的支流。因它的流向从北向南,按八卦方位,称为丁水,丁加上水成为汀,因而得名汀江,有道是,"天下水皆东流,唯汀江独南也"。

汀江

大约到了东晋时期,聚居在中原地带的客家先民,历经五次大规模的南迁,形成了客家先民聚居的地带。

汀江以其特殊的地理位置成了"客家人的摇篮",再加上汀江两岸土壤肥沃、气候宜人,使汀江流域成为客家人生息繁衍的乐土。著名爱国诗人丘逢甲曾对上杭城区汀水地形、地貌作高度评价:"东南山豁大河通,汀水南来更向东;四面青山三面水,一城如画夕阳中。"

南宋末年,汀州人口膨胀,汀邑客家人迫于内忧外患,一部分外出谋生,循着汀江,向广东大埔、梅县、惠州、揭西等地流迁,最终播迁海外五大洲。

汀江,与闽江、晋江和九龙江同为福建四大水系之一。它孕育了客家人,繁衍了客家民系,饮水思源、慎终追远,汀江被称为"客家母亲河"。

(十二)龙岩云顶茶园

云顶茶园为全国农业旅游示范点,位于龙岩市新罗区小池镇境内,地处梅花山南麓龙岩最高山峰黄连盂南侧,距龙岩城25公里。景区海拔800~1 400米,是集生态农业观光和度假休闲为一体的生态休闲乐园。景区山重水复、云雾缭绕、气候宜人,千亩茶田终年层茶叠翠、绿带萦绕,流青滴翠,令人赏心悦目。走进茶园,扑鼻醒神的茶香,绿意葱葱的竹林,悦耳动听的鸟语声,随着微风吹来含有甜味的富氧空气,让人陶醉。走过小桥流水,置身于茶艺馆中赏兰品茗,怡然自乐,仿佛融身于天地人茶合一的境界。

龙岩云顶茶园

二、温泉度假之旅

龙岩市地理区位独特,温泉资源丰富,所有县(市、区)均有温泉资源。近年来,龙岩市多个县(市、区)大搞温泉旅游项目开发。龙岩的温泉大都属于花岗岩裂隙水、碳酸氢钠型淡温泉,含有多种矿物质,具有一定的保健养生功效,相对于咸温泉而言,淡温泉具有泡完后可以不必再冲洗的优点。

(一)连城天一温泉度假村

连城天一温泉度假村毗邻素有"北夷南豸,丹霞双绝"美誉的国家重点风景名胜区、国家AAAA级旅游景区——冠豸山,地处闽粤赣三省交会核心——连城县,地理条件优越,距高速路口5公里、机场7公里、火车站25公里,交通十分便利。度假村已建成国家4A级旅游景区,打造集温泉度假、养生保健、休闲娱乐、餐饮住宿、置业地产于一体的新型温泉旅游综合体。

连城天一温泉度假村全景

度假村拥有各类豪华客房 300 余间(套),其中别墅 26 栋。设有中、西餐厅及风味食荟廊,为游客提供闽粤名菜及地道的客家美食;设有同时可容纳 300 余人的天一厅及多间大小不一的会议室,均配备视听设备同声传译,是举办各式活动的理想场所。森林温泉是福建省首家以"客家文化"为主题的大型半露天温泉,集香薰、鱼疗、中草药等百余种温泉泡汤疗法。园区内亭台楼阁、青砖灰瓦、飞檐翘首、雕龙画栋,彰显了浓郁的客家文化风情。另配套有健身房、温泉水疗 SPA 馆、露天泳池、冲浪池和漂流河等多种娱乐项目。

连城天一温泉度假村

(二)永定天子温泉旅游度假区

天子温泉旅游度假区位于福建省龙岩永定县城 319 国道往东 2 公里,总占地面积 1 600 亩;邻近世界历史文化遗产"土楼"仅 35 公里,离莆永高速公路永定入口 5 公里,东距厦深高铁龙岩站 50 公里,从市区驱车仅 40 分钟便可到达,交通便利;是集温泉养生、休闲度假、商务会议、餐饮购物和生态观光于一体的旅游景区。

永定天子温泉旅游度假区

闽西旅游

天子温泉度假村以温泉资源为核心载体,总项目拥有客房500多间,一期项目拥有300多间客房及别墅区、中餐厅、大型宴会厅、温泉SPA等。度假村以优美的自然环境,丰富的人文风情,特色的历史传统文化、沐浴文化以及优质的服务为支撑,以体验温泉、感受文化、康体养生、休闲度假等为目的,为广大旅游者提供观光娱乐、康体保健、休闲度假、商务会议、科普教育等一系列与温泉相关的休闲活动。

三、黄金之旅

上杭的黄金之旅主要是指紫金山工业生态旅游区。该旅游区位于上杭县城北25公里,旧县乡和才溪镇交界处的紫金山上,西濒汀江,南临旧县河,怪石嶙峋,耸峙天表,素有"杭川第一名胜"之称,是首批"国家矿山公园"、首批"全国工业旅游示范点"之一。景区山环水绕,风景秀丽,蕴藏着极为丰富的金、铜矿,成为全国采选规模最大、入选品位最低、单位矿石成本最少的黄金矿山,可供开采的黄金储量在146吨以上,铜矿储量在200万吨以上,被人们形象地比喻为"铜娃娃戴金帽子"。

紫金山工业生态旅游区是以"自然景物与工艺流程"为旅游载体,通过参观黄金生产的采、选、冶工艺流程,让游客了解"黄金是怎样炼成的",主要景点有位于紫金山金铜矿区的紫金山金矿露天开采场、麒麟顶观景台、金矿第一选矿厂、一天门观景台和位于上杭城区的黄金冶炼厂。

在海拔接近千米的麒麟顶露采观景平台,可以欣赏到中国最大的黄金矿山露采场全景;在金矿第一选矿厂,可以了解堆浸选矿工艺的简要流程;在景区游客中心,还能观看淘金表演、熔铸金锭表演等;在一天门选矿观赏平台,可以饱览十万吨级堆浸选矿场的选矿景观、电机车轨道等特有的地下运输线景观等。而黄金冶炼厂则是一座"花园式"现代化工厂,厂区占地面积18 800平方米,拥有国内领先水平的自行研制开发的成套黄金冶炼提纯设备,年冶炼生产高纯金能力达15吨。黄金冶炼厂为上海黄金交易所首批确认的可提供一级品的10家合格黄金精炼厂之一,已被列入英国伦敦金银协会LBMA黄金供货商名录。紫金矿业黄金冶炼厂的黄金产品获准使用"采用国际标准产品"标志,生产的标准金可以在世界范围内进行销售。中国人民银行福建省中心支行指定该厂生产的金锭为免检产品。在这里,不仅可以了解到黄金冶炼的全过程,同时还能亲自触摸重达25斤的金锭,体验"抱金砖"的感觉。

【习题与技能训练】

1. 简述丹霞地貌、喀斯特地貌的概念。
2. 分析冠豸山、龙硿洞景区的成因。
3. 分析梅花山自然保护区为什么被誉为"回归荒漠带上的绿色翡翠"。
4. 分析汀江被称为"客家母亲河"的原因。
5. 龙岩温泉旅游资源具有哪些特点?
6. 龙岩有哪些温泉旅游资源,分析其开发模式?

第二节　人文旅游资源

一、客家文化之旅

龙岩市特殊的地理位置，使河洛文化与客家文化在这里碰撞、交融，形成了独具特色的地域文化。

自西晋"永嘉之乱"始，历五次大迁徙而来的古中原汉人，在相对安宁和平、"山高皇帝远"的闽西崇山峻岭中形成了独特的民系——客家。

客家承中原遗风，纳古越之秀，得山川之灵，创造了别具一格的客家文化。客家文化以规模宏伟、凝内御外的土楼为代表，独秉中原古风的民情、风俗、语言、服饰，奇异而多姿。

（一）永定客家土楼

客家土楼，也称福建圆楼，是中华文明的一颗明珠，是世界上独一无二的神话般的山村民居建筑，是中国古建筑的一朵奇葩，它以历史悠久、风格独特、规模宏大、结构精巧等特点独立于世界民居建筑艺术之林。土楼民居以种姓聚族而群居的特点和它的建造特色都与客家人的历史密切相关。客家人每到一处，本姓本家人总要聚居在一起。加之客家人大多居住在偏僻的山区或深山密大之中，不但建筑材料匮乏，而且豺狼虎豹、盗贼猖獗，加上惧怕当地人的袭扰，客家人便营造"抵御性"的城堡式建筑住宅，这样也就形成了客家民居独特的建筑形式——土楼。土楼主要分布在福建省的龙岩、漳州等地区。

初溪土楼群

土楼是以土作墙而建造起来的集体建筑，呈圆形、半圆形、方形、四角形、五角形、交椅形、畚箕形等，各具特色。土楼最早时是方形，有宫殿式、府第式，体态不一，不但奇特，而且富于神秘感，坚实牢固。楼中堆积粮食、饲养牲畜；并挖有水井，若需御敌，只需将大门一关，几名青壮年守护大门，土楼就像坚固的大堡垒，妇孺老幼尽可高枕无忧。由于方形土楼具有方向性、四角较阴暗，通风采光有别的缺点，所以客家人又设计出通风采光良好、既无开头又无结尾的圆楼土楼。在现存的土楼中，以圆形的最引人注目，当地人称之为圆楼或圆寨。

土楼属于集体性建筑，其最大的特点在于其造型大，无论从远处还是从近处，土楼都以其庞大的单体式建筑令人震惊，其体积之大堪称民居之最。最普通的圆楼，其直径大约为50余米，三、四层楼的高度，共有百余间住房，可住三、四十户人家，可容纳二三百人；而大型圆楼直径可达七八十米，高五六层，内有四五百间住房，可住七八百人。从土楼这种民居建筑方式体现了客家人聚族而居的民俗风情。从历史学及建筑学的研究来看，土楼的建筑方式是出于族群安全而采取的一种自卫式的居住样式。在当时外有倭寇入侵、内有年年内战的情势之下，举族迁移的客家人不远千里来到他乡，这种既有利于家族团聚，又能防御战争的建筑方式便沿袭下来。同一个祖先的子孙们在一幢土楼里形成一个独立的社会，共存共荣，共亡共辱。所以御外凝内大概是土楼最恰当的归纳。

圆楼是当地土楼群中最具特色的建筑，一般它以一个圆心出发，依不同的半径，一层层向外展开，如同湖中的水波，环环相套，非常壮观。其最中心处为家族祠院，向外依次为祖堂、围廊，最外一环住人。楼内房间大小一致，面积约十平方米左右，使用共同的楼梯，各家几乎无秘密可言。土楼结构有许多种类型，其中一种是内部有上、中、下三堂沿中心轴线纵深排列的三堂制，在这样的土楼内，一般下堂为出入口，放在最前边；中堂居于中心，是家族聚会、迎宾待客的地方；上堂居于最里边，是供奉祖先牌位的地方。除了结构上的独特外，土楼内部窗台、门廊、檐角等也极尽华丽精巧，实为中国民居建筑中的奇葩。

永定经典土楼介绍如下：

1. 振成楼——土楼王子

永定客家土楼中，许多土楼是按八卦图设计的，中华传统文化烙印深深地铭刻其中。而最为典型的代表当属振成楼。

振成楼

振成楼位于湖坑镇洪坑村,建于1912年,占地5 000平方米,悬山顶抬梁式构架,分内外两圈,形成楼中有楼、楼外有楼的格局。前门是"巽卦",而后门为"乾卦"。外楼圈4层,每层48间,每卦6间;每卦设一楼梯,为一单元;卦与卦之间以拱门相通。楼内有一厅、二井(暗合"八卦"中的阴阳两极)、三门(即正大门和两头边门,意合八卦中的天、地、人三才)和八个单元。卦与卦之间是隔火墙,一卦失火,不会殃及全楼;卦与卦之间还设卦门,关闭起来,自成一方,开启起来,各方都可以相通。一旦盗贼入屋,卦门一关,即可瓮中抓活鳖。祖堂似一个舞台,台前立有四根周长近2米、高近7米的大石柱,舞台两侧上下两层30间房圈成一个内圈,二层廊道精致的铸铁花格栏杆,是从上海运到此楼嵌制的。大厅及门楣上有民国初年黎元洪大总统的"里堂观型""义声载道"等题字。楼内还有永久性楹联及题词二十余幅,充分展示了土楼文化的内涵。全楼的设施布局既有苏州园林的印迹,也有古希腊建筑的特点,堪称中西合璧的建筑奇葩。1995年它的建筑模型与北京天坛作为中国南北圆形建筑代表参加了美国洛杉矶世界建筑展览会,引起了轰动,被誉为"东方建筑明珠"。

永定人为什么要循八卦建造土楼?究其历史根源,首先客家人从中原迁徙而来,受中华传统文化思想影响极深,而八卦又是中华传统文化中的经典之一,所以在建造居住的楼房时,加以运用,在情理之中。其次,经过数代的播迁,为求生存,他们面对着自然与社会中种种困难,而八卦自古以来,便被人们用以排兵布阵,抵御敌人。从安全角度出发,在设计、建造土楼时运用八卦,对于睿智的客家人来说,便不足为奇了。

2. 承启楼——土楼之王

承启楼位于高头乡高北村,据传从明崇祯年间破土奠基,至清康熙年间竣工,历世3代,阅时半个世纪,其规模巨大,造型奇特,古色古香,充满浓郁的乡土气息。"高四层,楼四圈,上上下下四百间;圆中圆,圈套圈,历经沧桑三百年",这是对该楼的生动写照。

承启楼

承启楼直径73米,走廊周长229.34米,全楼为三圈一中心。外圈4层,高16.4米,每层设72个房间;第二圈二层,每层设40个房间;第三圈为单层,设32个房间,中心为祖堂,全楼共有400个房间,3个大门,2口水井,整个建筑占地面积5 376.17平方米。全楼住着60

余户,400余人。承启楼以它高大、厚重、粗犷、雄伟的建筑风格和庭园院落端庄的造型艺术,融与如诗的山乡神韵,让无数参观者叹为观止,台湾小人国和深圳锦绣中华都有承启楼模型。1981年被收入中国名胜辞典,号称"土楼王",与北京天坛、敦煌莫高窟等中国名胜竞放异彩。

承启楼内景

1986年,我国邮电部发行一组中国民居系列邮票,其中福建民居邮票就是以承启楼为图案,该邮票在日本被评为当年最佳邮票。

3. 深远楼——最大的圆楼

深远楼是永定客家土楼中最大的一座,直径达80米之巨,置身其中宛如在一座城堡之中,让人叹为观止。

4. 遗经楼——最大的方楼

遗经楼位于高陂镇上洋村,建于清咸丰元年(1851年),为方形土楼。外墙东西宽136米,南北长76米,占地10 336平方米。其后座主楼高17米5层,是永定现有土楼中最高的楼房。主楼左右两端分别垂直连着一座四层的楼房,并与主楼平行的四层前楼紧紧相接,围成一个巨大的方楼,如此环绕形成一个大"口"字。里面又有一组小"口"字形建筑,形成一个独特的"回"字形整体造型。真是"门中有门,楼中有楼,重重叠叠",当地人都称它为"大楼厦"。中间为祖堂。前楼一左一右建有两所学堂,楼内子女可以在楼内就读,学堂中间是个石坪,前建有大门楼,大门高6米宽4米。在主楼后面有花园一座、鱼塘一口以及碓房、牛舍等附设建筑。遗经楼共有280个房间。

遗经楼

遗经楼是目前所知方形土楼中最为庞大者,共有房间267间,51个大小厅堂,占地5公顷,建筑面积四千余平方米,整个建筑布局规整、条理井然,费时七十多年,经三代人努力方建成。当地人形容其大说:一个人从太阳升起即开始开窗,开到中午下楼吃饭,然后上楼关窗,直到太阳下山才关完最后一扇窗。

5. 裕隆楼——仙山楼阁

府等式土楼的典型建筑是永定高陂的"裕隆楼",建于清道光八年(1828年),历时六年建成,距今已有170多年历史。门楣上留有"大夫第"三字,挂着"父子登科"的匾额。全楼纵深108米,宽58米,主楼高11.4米,全楼计有25个厅、118个房间。门楼外有17米宽的晒坪,30米宽半圆形的鱼塘一口,正楼后是山坡,有一道55米长的扇形围墙,全楼占地近万平方米。中厅、前厅支柱承重,木雕屏风,屏柱休漆,高低错落巨大的出檐,封以九脊瓦顶,使整个建筑群在院落重叠,屋宇参错中显得和谐统一,气势轩昂。

著名园林建筑专家、上海同济大学陈从周教授考察该楼后,在《闽游记胜》中写道:"虽近傍晚,徘徊留恋,未忍遽行",在归途中即兴吟诗曰:"仿佛仙山初入梦,自怜老眼未模糊;流风已逝宋元画,如此楼台岂易图。"

6. 如升楼——袖珍土楼

如升楼是永定众多土楼中小巧玲珑的土圆楼,俗称"米升楼",建于公元1901年,距今近百年。楼主林高林原先缺少住房,后得一梦:一轮红日下落此地,他认为此地建房好,便千方百计筹措资金,自己出工挑土用了三年时间才建成这座最小的圆楼。

为什么命名为如升楼?是因楼小,像客家人昔时用竹筒做成的量米"米升",许多游客称之为"袖珍土楼"。如升楼是单圈结构,楼周长只有56.6米,直径为18.2米,屋内天井圆形,屋顶瓦面内侧边缘为八卦形,外侧边缘为圆形。楼内住有六户人家,家居紧凑,井然有序。取名"如升楼"还有更深一层意思——如日东升,光明万年。

如升楼

7. 五凤楼——展翅欲飞

五凤楼建于清道光八年(1828年),至道光十四年(1834)建成,为王氏十九代祖所建,今已28代,住31户,120余人,它是明显的上、中、下三堂沿中心轴线纵深排列的三堂制。下堂为出入口,放在最前面;中堂是全家团聚的中心,居中;上堂供奉祖先牌位,居于最后,是最深藏、最安全、最崇高的地方。

五凤楼

建筑的造型也都依据其在家庭中所处地位和所起作用采用不同的形式。下堂基本作用是界分内外和出入,除必须方便、安全外,还用来标志本家族的社会身份和地位。在下堂明间外侧做成单间两柱三楼的形式,中央主楼突出,两侧次楼拱拥,飞檐翘角再加上彩绘雕塑,在山间旷野之中,威风凛凛。中堂,既是家族聚会,也是婚丧喜庆、迎宾待客的地方,"文翼堂"匾额也悬挂于此。它高大、宽敞,三大通间,堂堂正正,油漆彩绘,砖刻木雕,极尽华丽、高贵之能事。上堂或称后堂,四层高楼,夯土筑墙、木屋顶、木楼板,从正面看是三间阔,明间较宽为堂屋,后半部设屏门,屏后置单跑横向楼梯,其后复置并列两小室;两次沿进深方向并列三室,总计达八室之多,四层四堂三十二室。

　　由于这种形式端庄方正、主次分明、高低错落,很富有宫殿情趣,当地人称之为五凤楼。又由于大门口匾书"大夫第"三字,建筑界又多称"大夫梯式"土楼居民。依其建筑特征来说,堂横式,即三堂(屋)两横(楼),而山背水,占尽山川灵气,所有这些都反映了中原文化之传统。

8. 光裕楼——古朴方楼

　　光裕楼建于1775年,距今约240年。占地面积约8 000平方米。大楼为三层建筑,总计102间。楼内石门楞窗精雕细刻,尽显昔日辉煌。

光裕楼

　　清初,林氏十六世祖林福成经营烟刀,家资万贯,遂建光裕楼及书斋(萃豫斋)。此楼是洪坑村最早、最完整的正形土楼,旧称城内。由于重视教育,自迁进此宅后,人丁兴旺,人才辈出,功名显达。清朝期间,有大夫9人、进士4人、秀才40余人、武秀才2人。

9. 振福楼——秀丽端庄

　　振福楼位于湖坑镇下南溪,依山傍水,风景十分秀丽。"凤起丹山秀,蛟腾碧水环"。这幅门联相当准确地描述了振福楼和周围环境和谐构成的一幅山乡风景图。振福楼的大门面对着哗哗而来的南溪。溪面宽阔平缓,河里大石横卧。两岸河堤高筑,厚实坚固。桥下不远处,深潭碧水,古榕葱茏,如伞如盖。如果站在大门对岸的村道上回望振福楼,可见振福楼的屋面正好位于峡谷两侧的山峦之间,楼不高不矮,不显不隐,正好起到两山之间"过渡"的作用。可以说,以振福楼为中心形成的秀美而幽静的山水田园环境,是天地人融于一体的杰作。

　　8集电视连续剧《土楼人家》的片头,就以这片风景为主体画面。振福楼也是一座富丽堂皇的圆楼,它按八卦布局设计,楼内用了许多石料和砖料,雕刻精细,也是一座外土内洋、中西合璧的土楼,被称为振成楼的"姐妹楼"。振福楼占地面积4 000多平方米,共有3个厅堂,96个房间。中厅高二丈、宽二丈二,两边是花岗岩石柱,上刻"振兴有庆瞻轮奂,福履同绥颂炽昌"的对联。楼外的右边是昔日的制烟工场、工人住房等;左边已坍塌的建筑原先是一座西洋式学堂和游艺场所,"文革"期间被毁。振福楼建于1913年。建楼者苏振泰,贫苦出身,读过几年私塾,先学刨烟,后学卖烟,在广东、上海等地经营烟丝生意发财,选择了这片风水宝地,用几万大洋建起了振福楼。苏振泰的子孙很多,在海外的后裔就有上百人,不少是专家、学者。

振福楼

10. 衍香楼——书香门第

衍香楼是一座圆形土楼,坐落在新南村,建于1880年,创建人是苏谷春。苏谷春少年时期家境清贫,中年后在家乡以及上海等地经营条丝烟生意,生意兴隆,发家致富,于是建了这座楼。衍香楼主体直径40米,底墙厚1.5米,顶墙厚0.7米,墙高14.5米,有1个大门,2口水井,3个厅堂,4副楼梯,每层34间,4层共136间。底层楼梯旁分布有4个卫生间,厅边6个洗浴间。一层为各家厨房餐厅,二层为粮仓,三四层为卧室。大门钉有钢板,门内的顶端设有灭火的水喉水箱,过去曾有匪贼行劫,想纵火烧门,均不能得逞。

主楼也按八卦构建,其特色是:楼的内厅仿府第式建筑,有后堂、中堂、前堂,厅左右侧有厢房。厅内及楼外围墙、左右小门等雕刻精巧,墙壁上书画精美,龙飞凤舞。整体布局协调、统一、美观而实用。楼前有小溪、流水,风景别致。楼的地势环境,左有"文星独秀,马鞍相随",右有"鹦哥呈祥,架上金盆",前为"笔架玉案",后为"凤凰展翅",风景极好,令人赏心悦目。最为奇特的是楼后有三棵二百余年的古松树,曾于1979—1981年连续三年于夏秋之交的傍晚,徐徐冒起烟雾,直上云霄,有上千人次看到了这一奇异景观;1993年5月7日傍晚又出现同样奇观。对这个奇异景象,尚未有人加以科学的解释。

衍香楼楼名的含义是"繁衍子孙昌盛发达,书香门第世代流传"。楼外大门上书"大夫第",两旁对联是:"积德多蕃衍,藏书发古香",横批是"诗礼传家",苏谷春后裔13个孙辈中有五个秀才、一个举人供职于福州等地而得誉称。苏家至今有五六百人,其中400余人侨居东南亚等地,现居住在衍香楼里的有16户,近百人,其中教师25人,大中专生32人,历代以诗书传家,是典型的书香门第。国家文物委员会郑孝燮副主任考察此楼后,曾题诗"远山近水土圆楼,隔壁残垣且伴留,耕读传家犹传世,诗情画境何悠悠"。2000年9月衍香楼举行隆重的建楼120周年楼庆,来自港、澳和东南亚等地的后裔亲属和外宾等数百人参加了楼庆。

衍香楼

11. 环极楼——防震巨堡

环极楼坐落于南中村。创建人是苏卜臣,于清康熙癸酉年(1693年)建成这座土木结构、规模宏大、气势壮观的大圆寨。全楼四层,高约20米,楼的直径43.20米,周长130米,底层墙厚1.70米,墙顶0.9米。第一层32间(作厨房与餐厅),并设有一个较大的门厅与正厅;第二层34间(作贮仓);第三、四层各34间。楼的内环建有二厅十室(作待客之用)与男女浴室各两间。楼内走廊宽1.56米,楼外檐廊宽1.82米。楼门高2.96米,宽3.4米,加钉了铁皮。楼的内外各有水井一口。楼外附属建筑还有卧室16间、马房8间、碓磨房6间。环极楼现住有21户116人。苏卜臣裔孙在本乡有400余人,不少在南洋,其中侨居缅甸较多。

取名"环极楼",有一种说法是:北极星又称北辰星,居子位向午方,常居其位而不见移,为天体众星之主。有人作诗说:"有水必趋东,无星不拱北",意思是众星拱绕北极而旋转。这座楼坐北壬子向丙午之位,所以取名"环极楼";还有一种说法是:环即圆,"圆(环)"乃吉词,"环极",即愿其吉祥(圆好)至极。

环极楼最大的特点是抗震性能特强,300多年来历经多次地震。据县志记载,1918年2月13日(民国七年农历正月初三日)永定发生七级大地震,附近田里的泥浆水喷起几丈高,

环极楼

楼顶的砖瓦几乎全被震落了,余震数次,共计十余分钟,环极楼正门上方第三、四层厚墙被震裂,裂口近20厘米,长近3米。可是地震过后,由于圆楼的向心力和架构的牵引作用,裂缝竟奇迹般地慢慢合拢,仅留下一条细长的裂痕,而整个楼体安然无恙。在环极楼的中心点上,用力跺脚或放声呼唤、歌唱,可以听到十分明显的回声,好像北京天坛的回音壁。

环极楼还有一个特别之处:楼内部中心环无祠堂之设,而是空旷的院落。这在永定众多土楼中是绝无仅有的,在重礼循纲的封建社会是不可思议的,环极楼因此又被称为"忤逆楼"。人们在感叹环极楼的建筑艺术时,也不无敬佩建筑师的富有创造性的反叛精神。

12. 奎聚楼——宫殿式土楼

奎聚楼位于湖坑镇洪坑村,是宫殿式结构的方形大土楼,远看颇有"布达拉宫"般的气势。从高处看,楼宇与背后的山脊连成一体,如猛虎下山,奎聚楼即是"虎头",楼前围墙上有

奎聚楼

两窗,似虎眼,建筑时便是根据虎形地理特点而设计的。设计人是翰林学士巫宜福,他与楼主林奎扬是结拜兄弟。奎聚楼建于1834年,用了近五年时间建成,已有180多年历史,占地6 000余平方米,高约15米,现住24户107人。一百多年里,楼里考取进士和官至七品以上的有4人,大学生有20多人,海外华侨有40多人,正如大门对联所言:"奎星郎照文明盛,聚族于斯气象新。"奎聚楼的建筑特点是中厅高、两厢低,经160多年风雨,岿然如山。中门平时不开,只有贵客来到才打开中门迎接。楼内檐梁雕刻十分精美,"文革"期间受到破坏。

13. 福裕楼——府第式土楼

福裕楼位于湖坑镇洪坑村,是永定府第式土楼的杰出代表,建筑风格富丽堂皇。公元1880年开始兴建,耗资十多万光洋,经历三年时间才建成,占地面积7 000余平方米。该楼由楼主三兄弟(林仲山、林仁山、林德山)的朋友汀州知府张星炳设计,外形像三座山,隐含楼主三兄弟"三山"之意,楼名也是张星炳题写。其结构特点是主楼的中轴线上前低后高,两侧横屋,高低有序,主次分明。楼前有三个大门,在主楼和横屋之间有小门相隔,外观连成一体,内则分为三大单元。楼门坪和围墙用当地河卵石铺砌,与大自然环境浑然一体,十分和谐。

福裕楼

清末,楼主林氏三兄弟,经营条丝烟和烟刀生意,产品远销日本和东南亚各国而发了大财,富甲永定。他们还捐巨资兴办"日新学堂"。日新学堂也是由张星炳设计,是一所典雅富丽、中西合璧的学堂。这个学堂办起后,培育了不少人才,名气远扬,许多外乡人都来"日新学堂"读书。"几百年人家无非积善,第一等好事还是读书","福裕楼"里人才辈出。

黎元洪任总统时,林逊之(林仁山之子,振成楼的设计制造者)为中央议员,其书画、对联也很出名,"振成楼"对联几乎全是林逊之一手之作。林逊之的弟弟林亮之留学日本早稻田大学取得法学博士学位,回国后先后担任闽侯、惠安、宁化县县长。新中国成立前任永定中学校长多年,解放初期被评为开明人士。

14. 馥馨楼——最古老土楼

馥馨楼位于湖雷镇下寨村,建于公元769年,至今已有1 200多年历史,是永定客家土楼群中最古老的一座。馥馨楼占地1 275.76平方米,高四层,墙身通体以生土夯成。馥馨楼没有石基,这是沿袭了中原先祖的建筑技术和建筑形式,充分说明了永定土楼与黄河流域传统民居的渊源关系。楼四周有四米宽的护楼壕沟,门前设有吊桥通行,其底墙生土掺拌有石灰、红糖,坚固无比。

(二)培田古民居

培田民居是指位于福建省闽西山区连城县培田的明清古民居建筑群。这是一座拥有800多年历史的村落,是目前中国保存较为完整的明清时期客家古民居建筑群,堪与永定土楼、梅州围龙屋相媲美,是客家建筑文化经典之作。

连城培田古村落

培田的客家古民居建筑与永定客家土楼风格迥异。如果说土楼是古堡,封闭而坚固,那么培田民居就是庄园,豪放而优雅。培田民居是继永定土楼、梅州围拢屋之后发现的又一保存完好的客家民居建筑瑰宝。

培田古民居建筑群大体由六座学堂、两座书院、三庵、两庙、两牌坊等古代文化宗教建筑和20座古祠、30余幢民居,以及一条千米古街、5条巷道、两条贯穿村落的水圳组成。建筑用材为木料及砖。培田明清民居建筑群整体布局已具相当水准,宗祠、住屋、寺院、牌坊、街巷、水道、桥梁等村庄建筑之需考量周到、配置得体、壮观和谐。就各式建筑而言,其建筑功用、外观构造、装饰色彩,均是上乘之作。

培田古民居古街

"九厅十八井"是客家民居的三种典型代表（土楼、九厅十八井、围龙屋）之一，广泛分布在福建、广东、江西等客家地区，是客家人结合北方庭院建筑，适应南方多雨潮湿气候及自然地理特征，采用中轴线对称布局，厅与庭院相结合而构建的大型民居建筑。九厅即指门楼、下、中、上、楼上、楼下、左花、右花、天厅等九个正向大厅，十八井包括五进厅的五井、横屋两直各五井、楼背厅三井。九和十八，只是一个表多数的词，不一定就只是九个厅十八个天井，往往很多民居都有超过九厅十八井的格局。其厅、井布局科学合理，各厅各有功用。上厅供祭祀、族长议事，中厅接官议政，偏厅接客会友，楼厅藏书课子，厢房横屋起居炊沐，家族聚居，集政、经、居、教于一体。培田村中现存多座"侍卫府""大夫第"等多座九厅十八井建筑。

培田古民居大夫第

培田村中规模最大的"九厅十八井"合院建筑,当首推大夫第。大夫第也称继述堂,建于1829年,历时11年才建成。因主人吴昌同荣膺奉直大夫、昭武大夫之位而得名。它规模宏大,远不止九厅十八井,而是有18个厅堂24个天井72个房间,共占地6 900平方米。其设计构思,秉承"先后有序,主次有别"的传统观念,纵主横次,厅、厢配套,主体、附房分离。通风、采风、排水、卫生,连同子孙的发展都纳入规划之中。梁花、枋花雕工精美,幅幅藏有典故,并以"墙倒屋不塌"的特点被专家称为世界一流的防震建筑。

(三)历史文化名城——长汀

1. 唐宋古城

长汀,历史源远流长,是福建古代文明的重要发祥地。早在4 000多年前,闽越人就已经在这里繁衍生息,掀开了一页页的长汀文明史。他们以蛇为图腾,幸存的"蛇王塑像"是最具代表性的实物见证。在此发掘出来的200多处新石器遗址,出土的大量古石器和陶器,都诉说了远古的岁月和文明。

唐开元二十四年(733年),汀州设立。从此,历经城垣变迁,古城汀州处万山之中,"枕山临溪为城",逐渐形成"一川远汇三溪水,千幢深围四面城"的府城特色,成为盛唐至清末时历代州、郡、路、府的治所和闽西政治、经济、文化的中心。

1 200多年来,风风雨雨,古城依旧,古风犹存。

始建于唐的古城墙,沿汀江而筑,自东向西呈弧形,东西两端沿卧龙山两旁的山脊筑到山顶,把半个卧龙山圈进了城内,使整个城池前有汀江天堑、后有卧龙山为屏,成为可攻可守的"高城固壁"。昔日,远远望去,古城墙宛如一串佛珠挂在山上;今天,古城墙仅残存1 000多米长。

长汀古城墙

与城墙一样古老的,是城里迄今保存的五座古城门,巍峨壮观。它们的名字是朝天门、五通门、惠吉门、广储门、宝珠门。宝珠门,始建于明代,也保存着唐代建筑的风格,城门两侧的马槽就显示了唐代建筑的特点。

广储门就是现在的三元阁。三元阁是长汀保存最完整的一座古城门。唐大历四年(769年)汀州刺史陈剑迁州址到这里,兴建汀州土城墙时就建了这个城门,当时叫鄞江门。唐末五代时期,中原战乱,大批汉人南迁,汀州人口逐渐增加。宋治平三年(1066年),为适应社会经济的发展和军事防御的需要,汀州古城墙用砖石包砌,并开挖护城河,引西水入城。把鄞江门改为广储门。明代汀州改为府治,管辖八个县。明洪武四年(1371),汀州府城墙进行了大规模的修建,所有府城墙加高加厚,增设城门。

三元阁

古代传统街区沿着古城门延伸。五通街、南大街、半爿街等是现存的宋明时代传统街区。街道宽6到8米,路面用河卵石砌成;沿街两侧房屋以木质和土质结构为多,基本是前店后宅;店铺密集,作坊林立,一间挨着一间。交叉路口的四角风雨亭,在过去既供人避雨,又供夜间挂灯笼以照明,这是古街区的珍贵遗物。穿过古街区,纵横交错的街道,密集的店铺,仍依稀可见当年古城的繁华,"阛阓繁阜,不减江浙中州"。

唐代古井"八卦龙泉"与宋代古井"府学阴塔",合称"双阴塔",两口古井的井水清澈甘甜,终年不枯。"八卦龙泉"位于城区开元寺内,井深16米,口径1.72米,上宽下窄,每层用石板砌成八卦形,和地面的塔恰好相反,犹如一座倒置于地底的八卦塔,故称"阴塔"。而城区汀州府学内,有一座宋代砖砌圆形古井,井深13.5米,口径11米,井旁立有石碑,碑上题"府学阴塔"四个大字。碑文记载,建造"双阴塔"古井,"以正文风",意在盼望汀州多出人才。实如古人所愿,古城汀州,地灵人杰,历代英才辈出。

客家人素有耕读传家、尊孔崇儒的垂世风范，因而有客家人的地方，大都建有孔庙，汀州文庙就是实证。城区卧龙山麓的宋代汀州文庙，历经修葺，已恢复旧貌，成为今日古城的一个文化娱乐中心，传承着客家人的重教传统。

与汀州文庙同为古城文化中心见证的汀州试院，今已不复存在，但曾相伴试院几度春秋的两棵唐代古柏，依然挺立博物馆院内，枝繁叶茂，度过了千年岁月。

2. 客家首府

没有客家先民，就没有"客家首府"古汀州的形成。而没有汀江，就不会有客家先民的落脚。这种说法并不为过。

汀江源起福建长汀、宁化境内，自北远通南流，穿过闽西流入广东，与梅江汇合成韩江，经潮州奔腾入海。因"天下水皆东"，唯此江"独南也"；按八卦所示，南方属丁，故名"丁水"，后丁水合成"汀"字，而名"汀江"。这是福建四条著名大江之一。

古来汀江流域竹木葱郁，资源富饶，土地肥沃，气候宜人，是一块休养生息、世代繁衍的宝地。从晋代开始，成千上万中原汉人——客家先民为躲避战乱、灾荒，纷纷南迁，定居于汀江流域，垦荒造田，薪火相传，形成中国汉民族中一支独特的民系——客家。尔后，无数客家人又从这里起步，顺着八百里滔滔汀江水不断向外迁移，播衍海内外，开拓新的生存空间。汀江滋润两岸土地肥美丰腴，养育着一代代客家人。因此，汀江流域成为客家民系的摇篮、天下客家人的主要聚居地和祖籍地，汀江被称为"客家母亲河"。而客家先民的大量涌入，使位于汀江上游的汀州以有"避役百姓三千余户"而置州。客家先民创建了汀州，又带动了汀州的繁荣和发展。汀州成为客家的大本营和"首府"。汀州古城，深深地烙上了客家的印痕，洋溢着客家人吃苦耐劳、奋斗不止、开拓革新的气息。城中那个客家博物馆，是古城与客家深厚渊源的展现，是客家历史、文化、风情的浓缩。妇女戴的凉笠和穿的大襟衣服、各式围裙、鞋子，儿童围兜，男子传统马褂，新娘的嫁衣、嫁裙等等客家人的传统服饰及各种生活用具独特而别致。

客家母亲园，犹如一艘航船，靠泊在城中江边、母亲间的臂弯里，等待着扬帆起航，乘风破浪。

站在"客家母亲"塑像前，望着汀江流水悠悠南去，有一个声音越来越强烈："长汀就是我梦里千百度寻觅的故土，是客家人共同的根。"

漫步古街区狭长的古街古巷，偶尔会在一些古祠门外，看到一两根竖立的高高石杆，其造型奇特、古色古香，这是客家特有的石龙旗，而非用于悬挂旗帜的旗杆，而是家族的族表，向世人炫耀着这个家族的功名和荣耀。考取功名者越多，这个家族祠堂门外的石龙旗就越多，从中可见客家人千百年来形成的重教传统。

汀州古城民风淳朴，汀州人热情好客。不论何方来客，客家人都端茶递烟，留客吃饭喝米酒，盛情款待，一片至诚。"有朋自远方来，不亦乐乎！"汀州的米酒出了名，但出名的不在酿酒的技艺，不在酒的色香味，也不在喝酒的海量，而是客家人以酒交友的好客之谊。

（四）连城四堡雕版印刷基地

连城四堡是中国明清两代著名的四大雕版印刷基地之一，是福建省历史文化名乡，现存的大量印坊、雕版、印刷工具和古书籍，是中国目前年代久远、保存完善、举世罕见的珍贵文物。四堡雕版印刷业"起源于宋,发展于明,鼎盛于清"。并以出版当时的禁书《金瓶梅》、《三国演义》和《水浒传》合刊本、全国明志《宁化县志》和《西厢记》四件事闻名于世。有意思的是:四堡先民在当时就有了一定的版权意识——每年元月初一,四堡的名书坊就把一年来各自刻书籍的封面张贴出来,公之于众,表示"版权所有"。由于四堡印刷业过于封闭,跟不上印刷技术的发展,最后导致四堡的印刷业在1942年彻底地走出了历史舞台。

连城四堡雕版

(五)上杭稔田镇李氏大宗祠

李氏大宗祠坐落在上杭稔田乡官田村河谷盆地,四面环山叠翠,黄潭河蜿蜒而过,风景十分秀丽。宗祠系三进四直的砖木结构建筑,有3个大厅和26间大小客厅,住房有104间,占地5 600平方米。正面牌坊式楼门上刻着"恩荣"两字,两边对联是:"丞相将军府,忠臣孝子门"。正厅前的屏风上刻有明代名儒所撰写的《李氏火德翁传》。宗祠结构严谨、气势非凡,充分体现了客家宗法制度下的建筑艺术,是八闽大地上极为珍贵的建筑文物。清道光十六年(公元1836年),为纪念李火德公,他的嗣孙在上杭县稔田镇官田村兴建了规模宏伟的"李氏大宗祠"——惇叙堂,融宫殿建筑和客家民居为一炉,"蜘蛛结网"形的结构象征着裔孙

李氏大宗祠

以祖地为中心衍派四面八方。宗祠建成后,立即成为李姓族人尊祖敬宗收族之圣地,宗祠内李火德神位前烛光盈盈,香烟袅袅,终年不断。从李火德入闽至今 800 余年,其后裔遍布闽、台、粤、桂、赣各省及东南亚各国。近年来,海外到此寻根谒祖的络绎不绝。1996 年,李氏大宗祠被列为省级重点文物保护单位。现被列为国家 AAA 级景点。

(六)奇特的客家民俗

1. 连城罗坊走古事

据传,昔日连城罗坊常闹旱、涝灾,当地举人把流传于湖南的"走古事"移植乡梓,以祈风调雨顺、五谷丰登。自此流传延续至今。现在,走古事实际上是一场具有娱乐性质的盛大狂欢,被称为"山村狂欢节"。

连城罗坊走古事

每年的"走古事"活动,由许多村民分别扛着七个古事以天官领路,穿街走巷,到太师祖宗祠里祭拜。七个古事棚按第一棚天官、第二棚李世民、第三棚宋太祖、第四棚刘备、第五棚孙权、第六棚周瑜、第七棚杨六郎的顺序出场。

2. 天下第一龙:姑田大龙

连城姑田游大龙,始于清乾隆十六年(1751 年)。每年农历正月十四日至十六日,以村或片为单位,少则二三条,多则四五条。其龙之大,令人咋舌,100 多节龙身,各高 2 米,长 4 米,全长达四五百米,龙头更为讲究,仅龙舌直径就达一米,扛时须十几人分班抬举,号称"天下第一龙"。

姑田大龙用竹篾扎骨架,用姑田宣纸裱褙,并写有精美字画。出游时神铳引路,配以锣鼓、十番乐队。家家户户门前燃松明、点灯烛,鞭炮齐鸣,迎接"龙游大地",极其壮观。白天龙似乘云驾雾;入夜龙灯明灭绰约,腾跃如翔海底。十六日烧龙,神铳为号,再次出游后各户将自制龙灯,快速送到天王庙广场焚烧,抢先为胜,然后摆酒宴客,祝愿一年吉祥如意。

连城姑田游大龙

3. 永定湖坑作大福

每逢农历子、午、卯、酉岁次的九月十一至十五,永定县湖坑村李氏家族都要举行一次民俗活动,名曰"作大福"。起初是每年一闹,后改三年一班,成为风俗,从没间断,村中头人按人丁派款,请来各地高僧名士,进行"化斋""打醮""还神"等佛事,并且不惜重金去外地雇请汉戏、木偶戏等戏班,大唱大演,凡李氏外地亲戚、眷属和散居各地的亲朋、故旧,或有这样那样的关系者,无不都在这个时候云集湖坑做客,一时之间,村中巷道,人山人海,有如赶大集一样。所以曾有过"湖坑人'作大福''哭粪缸'"的俗语流传,意思是说,为了做热闹,逼得许多穷人家连厕所都卖掉了。这个民风已经流传几百年了。

永定湖坑作大福

4. 武平县永平乡中湍村醮会

武平县永平乡中湍村每年农历十月十五有过"十月半"的习俗,以庆祝秋季的丰收,祈求来年风调雨顺。每逢寅、申、巳、亥年的醮会日(农历十月十五日)比较隆重,期间村民表演传统的"上刀山""下火海""捞油锅""吊米斗""掌心燃放鞭炮""撑竹床""竹篮打水"等民间绝技绝活。该民俗始于清咸丰年间(公元1851—1861年),后两项绝活现已失传。当地村民富有浓郁客家特色的民俗文化系该村独有,作为省级"非物质文化遗产"项目,已成为该县民俗文化的主要品牌,在闽粤赣三省客家地区有着巨大的影响。

武平县中湍村"捞油锅"

5. 连城北团"游大粽"

每年农历二月十三,闽西连城县北团镇上江村客家都要举行"游大粽"的民俗活动。北团"游大粽"是闽西客家土地信仰与客家添丁文化的结合体,一方面以特有的"大粽"酬谢土地,向土地祈祷新的福祉,另一方面透过土地祭祀仪式将北团大粽加以神圣化,使其成为多子多福的寓体。北团大粽需要用上万片粽叶缝制粽衣,120斤糯米裹粽,制作成1.6米高的笋状大粽。大粽有公母之分,另包上百个指头大小的公、母小粽,挂在大粽尖端。每年农历二月初六,村民就着手准备做大粽;农历初九晨下锅,蒸煮三天三夜;二月十二日,用金箔纸包裹粽身,贴上吉祥纸花,将公、母小粽挂在大粽顶端,在祠堂里供奉一天;二月十三至十五抬出巡游,其中二月十三为"正日",但二月十五日活动才最为热闹。大粽巡游由神铳、鸣锣开道,一公一母两棚大粽伴随着龙凤旗、花灯、古事棚等列队沿着上江村田间小路、村中巷道游行,一路吹吹打打,浩浩荡荡。游行完毕,四邻妇女到"福"手家(制作大粽的家庭)讨小粽,想生男孩讨公粽吃,想生女孩讨母粽吃,大粽则分给村民酿酒,家家由此开始备酒闹春耕,准备夺取夏粮丰收。据传,掺有游过的大粽米酿出的酒,醇香扑鼻,酒劲十足。连城北团"游大粽"的历史最早可以追溯至清康熙初年,距今有300多年了。

游大粽

6. 犁春牛

长汀、连城等地均有"犁春牛"的习俗,至今已有五百多年历史,主要是祈求国泰民安、风调雨顺、五谷丰登。"犁春牛"一般在每年的"立春"前后三天举行。每年"立春"前后,"犁春牛"队伍在农舍门前和街市两边巡游,整个队伍由七人的锣鼓队开道,两位童男女提"风调雨顺""国泰民安"吉利灯。牵牛僮牵着用红绸布扎花絮披头的健壮耕牛,后接犁田、送饭、钓鱼、挑柴、抬农具、读书、担牛草、挑谷子及抬松明火等20余人组成的队伍。牵牛僮和犁田者扮丑角,即兴表演,伴以"嘿嘿"的喝牛声。他们卷袖、赤脚、戴斗笠,男排扎腰,女的系围裙,观众多时还唱山歌,热闹非凡俨然一幅"春耕图"。

犁春牛

7. 长汀县濯田升平"百壶祭"

长汀是世界客家首府,国家历史文化名城,客家民情风情万种。自古以来长汀一带客家先民勤劳俭朴,民风古朴,传统农业发达,崇尚祭祀文化。由于文化落后、科技意识薄弱,人们在生产斗争中常常遇到种种难以抗拒的自然灾害,如水灾、风灾、旱灾等,将农业造成巨大的损失后带来的缺衣少食、贫病交加的现象,归结为天地神灵作怪。为了实现田禾大熟、粮食丰收、国泰民安、安居乐业的美好愿望,这一带的人们以民间最纯朴的方式祭祀天地神灵,表达感情。每年在春天播种季节祭祀天地神灵,敬奉五谷大神(即神农氏),以祈求田禾大熟、五谷丰登。丰收后,又举行祭祀活动、以谢天恩。长汀县濯田镇一带从清代康熙年间(1736—1795年)起,就有"二月二"保苗祭和"六月六"庆禾祭的民俗文化节日,该活动有数百把酒壶,称为"百壶祭",因为"壶"以"福"谐音,故又称之为"百福祭"。目前,福建省长汀县正向国家申报该民俗活动为国家级非物质文化遗产。

百壶祭

二、红色之旅

(一)古田会议会址旅游区

古田会议会址旅游区位于上杭县古田镇境内,包括古田会议会址、古田会议纪念馆、红四军政治部和司令部旧址、《星星之火,可以燎原》写作旧址协成店、中共闽西特委旧址树槐堂、主席园等景点,现为国家4A级旅游景区、福建省十大旅游品牌,也是全国100个红色旅游经典景区之一,处在全国30条红色旅游精品线路上。

1. 古田会议会址

坐落在古田镇溪背村,原是廖氏宗祠,又名万源祠,初建于清道光二十八年,即1848年。民国初年,为推行新学,该祠改为和声小学。1929年5月,红四军第二次挺进闽西,进驻古田时,又将其改名为曙光小学。1929年12月28日至29日,120多位代表参加的中国共产党红军第四军第九次代表大会(即古田会议)在此胜利召开。会议一致通过了毛泽东亲自主持起草的《古田会议决议》。古田会议总结了从南昌起义以来两年多时间里红军建设的丰富经验,批判了红军党内存在的单纯军事观点、非组织观点、极端民主化等各种非无产阶级思想,强调了马列主义和党的正确路线教育全党全军的重要性,重申了党对军队绝对领导等原则,坚持以无产阶级思想建设党和人民军队,是建党建军史上的重要里程碑。党和国家领导人胡锦涛、江泽民、温家宝、贾庆林、曾庆红、李长春、习近平、李克强、贺国强等都曾前来瞻仰。1961年3月,国务院公布古田会议会址为第一批全国重点文物保护单位。古田会议会址现已是福建省十大旅游品牌之一,也是全国100个红色旅游经典景区之一,处在全国30条红色旅游精品线路上。

古田会议会址

2. 古田会议纪念馆

古田会议纪念馆与古田会议会址遥相呼应。它是以古田会议会址为依托建立起来的专题革命纪念馆,筹建于1964年,全馆占地面积8.6万平方米,建筑面积1.1万平方米,拥有馆藏文物11 000多件,其中珍贵文物2 000多件,为福建省文物数量最多的革命纪念馆。陈列馆于1972年1月兴建,1973年12月竣工,建筑面积3 200多平方米,共10个陈列室,展线长306米,展出文物400多件,内容分为古田会议召开的历史背景、古田会议决议和古田会议永放光芒三个部分。古田会议纪念馆先后被评为全国百家爱国主义教育示范基地、全国文物系统先进集体、国家一级博物馆。

3. 红四军前委、政治部旧址——松荫堂

松荫堂又名永东楼,位于古田镇的八甲村,始建于清嘉庆十三年(1808年),土木结构,一进二厅楼房,占地面积898平方米。1929年,红四军到达古田时把前委和政治部安扎在此,前委书记毛泽东、政治部主任陈毅等人就住在这里。毛泽东在二楼的卧室里起草了《中国共产党红军第四军第九次代表大会决议案》,为古田会议的胜利召开奠定了基础。2004年松荫堂被列为全国文物保护单位。

红四军政治部旧址

4. 红四军司令部旧址——中兴堂

中兴堂位于松荫堂正对面,建于清嘉庆十年,即1805年。整栋房子坐东朝西,围垅式建

红四军司令部旧址

筑,砖木平房结构,占地面积1 698平方米,建筑面积1 186平方米。1929年12月,红四军进驻古田后,红四军司令部和朱德军长的住房就设在这里。古田会议召开前夕,朱德军长积极协助毛泽东开好各种调查会、座谈会、整理材料,并在这里起草了"关于军事问题的报告",同时还根据战争实践中总结出来的新鲜经验,亲笔撰写了一万多字的《新游击战术》。这是朱德的一部马列主义军事著作,它深入浅出,注重实践和战例的分析,用生动通俗的语言剖析军事理论。朱德对政治部宣传科科长吴仁声说:"我们的指战员要学军事,也要学政治;政工人员要学政治,也要学军事。这样才是文武双全的革命者。"2005年5月,中兴堂被列为国家级文物保护单位。

5.《星星之火,可以燎原》写作地——协成店

协成店位于古田镇赖坊村,与古田会议会址相距约一公里,建于1922年,坐东朝西,二层砖木结构,一进两厅楼房,面宽三间,悬山式屋顶,建筑面积400平方米,融入许多西洋建筑技术,精美别致。1929年12月中旬,红四军进驻古田,第一纵队司令部设于此楼。1930年1月5日,毛泽东在这里写下了光辉著作《星星之火,可以燎原》,阐述了"工农武装割据""以农村包围城市"的中国革命道路的思想,是对马克思主义关于武装夺取政权理论的重大发展。2005年5月协成店被列为国家级文物保护单位。

协成店——"星星之火可以燎原"写作旧址

6. 中共闽西特委旧址——树槐堂

树槐堂位于古田镇苏家坡村,坐东朝西,砖木结构,建筑面积672平方米,占地面积1 100平方米。1929年10月至11月间,毛泽东亲临这里指导闽西特委工作,指示举办闽西党员干部培训班,创办平民小学,并亲自执教。2004年,树槐堂被列为全国文物保护单位。在树槐堂的左侧还有一座树木浓密的小山,山上有一个不易被人发觉的岩洞,当年毛泽东经常在这个岩洞中休息、读书,因此人们称之为"主席洞""毛公洞"。

7. 主席园

主席园是古田会址旅游区内的一处新景点,位于古田会址东北侧,主体是一尊总高10.1米的毛主席汉白玉雕像。这尊主席雕像身穿风衣,昂首挺立,双目注视着前方,左手拿着一顶圆舌帽,右手挥起致意。主席像于1969年制作,由于种种原因直到2009年6月6日才安置起来。整座雕像的设计匠心独具,用相关尺寸寓意毛主席重要生平和中国革命重要历史。

主席园

(二)中共闽西"一大"会址——文昌阁

中共闽西"一大"会址文昌阁位于上杭县郊洋乡,是福建省首批重点文物保护单位。此阁建于乾隆六年(1741年)至乾隆十九年,为宝塔式楼阁建筑,土木砖质,外观六层,实为四层,每层有精雕的飞檐翘角,塔尖为葫芦饰顶,显得古朴、壮观。三层以上为八角形,第三层以下为四方形。此阁整座建筑没有使用一根铁钉,全由古代用的木榫建成。更奇特的是顶层的八角形阁顶采用悬梁柱结构,即中间有一根柱子,但它是悬空的,不是立在顶层的楼板上,而是靠上下两层各八根横梁向上斜插支撑着。据说这种悬梁柱结构在全国仅存两处。辛亥革命后,文昌阁改办为广智小学,邓子恢等人就曾任教于此,并以此为掩护开展革命活动。1929年7月中旬,毛泽东同贺子珍、蔡协民、江华、曾志等人前往上杭蛟洋文昌阁指导召开中共闽西第一次代表大会。会上,毛泽东做了重要讲话,指出闽西党组织今后的任务是巩固和发展闽西红色根据地。大会通过了由邓子恢起草、毛泽东亲自修改的《中共闽西第一次代表大会之政治决议案》以及关于土地问题、苏维埃政权、妇女、共青团等决议案,制定了"坚决地领导群众,为实现闽西工农政权的割据而奋斗"的总路线。大会之后,闽西各地认真贯彻"闽西一大"精神,呈现出一派"寥廓江天万里霜"的喜人景象。

上杭蛟洋文昌阁

(三)才溪红色旅游区

才溪地处上杭西北部,是著名的革命老区,是"九军十八师"的家乡,被誉为"将军之乡"。第二次国内革命战争时期,才溪这个仅有1.6万人的小山乡,有3 762人参加红军,占当时全乡青壮年男子总数的80%。其中1 192人牺牲在疆场,平均每15个才溪人中就有1位烈士,才溪也因此被誉为"烈士之乡"。

才溪是当年中央苏区模范乡、模范区,荣获"福建全省的光荣模范"称号。毛泽东同志曾三次亲临才溪进行社会调查,并于1933年11月写下了著名的《才溪乡调查》,此文运用马列主义的立场、观点、方法,对才溪人民的革命斗争实践进行全面、系统、周密的调查和科学的总结,为农村革命根据地建设提供了宝贵的经验。现有毛泽东才溪乡调查纪念馆及其管理下的省级文物保护单位才溪区苏维埃政府旧址、才溪区工会、光荣亭等红色景点。

1. 毛泽东才溪乡调查纪念馆

纪念馆坐落在上杭县才溪镇下才村,成立于1959年3月,是以陈列宣传毛泽东在才溪重要的革命实践和才溪人民在第二次国内革命战争时期的革命历史的专题纪念馆。现为全国爱国主义教育示范基地、"全国红色旅游经典景区",处在全国红色旅游精品线路上。

毛泽东才溪乡调查纪念馆新馆于2009年10月正式对外开放,占地面积10 200平方米,建筑面积9 310平方米,内设毛泽东才溪乡调查展厅、"九军十八师"展厅、烈士展厅和今日才溪四个陈列展厅。陈列室通过声、光、电等现代陈列手段和大量的文物、资料、照片集中反映了毛泽东在才溪的革命实践活动,介绍了才溪人民创建中央苏区模范区的光荣史实,展现了才溪"九军十八师"一代英豪在革命战争中金戈铁马、叱咤风云的光辉历程和改革开放后才溪社会经济的蓬勃发展。

毛泽东才溪乡调查纪念馆旧址

"九军十八师"陈列室是才溪乡调查纪念馆陈列室宣传的一大特色。"九军十八师"是个英雄的群体,是才溪三千多革命志士的杰出代表。据统计,1955年至1965年,才溪被授衔少将以上的军级干部有10名,副部级以上干部有4名,地师级干部有16名,其中包括原中国人民解放军军政大学副校长刘忠中将、素有"将军画家"美称的王直少将以及王奇才、王集成等。

2. 才溪区苏维埃政府旧址

才溪区苏维埃政府旧址原为1920年才溪地主王桂高建造,建筑面积1 070平方米,整栋

才溪苏维埃旧址

房屋坐北朝南,为三进三列式砖木结构平房,在结构、规模、布局上十分合理,延续了明、清以来客家民居的建筑风格。1929年才溪农民暴动成功后,该房屋被没收,1930年6月,才溪区苏维埃政府设在这里。1933年11月下旬,毛泽东第三次到才溪进行深入细致的社会调查,在这里召开了区委书记、区苏主席及各部部长会议。1985年,才溪区苏维埃政府旧址被公布为省级文物保护单位。

3. 才溪区工会旧址

才溪区工会旧址原为1920年才溪地主王青琳建造,坐北朝南,属砖木结构建筑,二进三开间,建筑面积约400平方米;建筑艺术古朴典雅,尤其是门扇隔板上的浮雕雌虎图案,堪称客家民居中的上乘之作。1929年才溪农民暴动成功后,该房屋被没收,后才溪区工会在这里办公。1930年为纪念列宁诞辰60周年,才溪区工会改为列宁堂。1933年11月下旬,毛泽东在才溪区苏开调查会后,接着在这里分别召开了工人代表、贫农代表和耕田队长调查会。东厢房是毛泽东同志当时的卧室,下厅为警卫战士睡觉的通铺。1985年,才溪区工会旧址被公布为省级文物保护单位。

4. 光荣亭

光荣亭是才溪的标志性建筑。1933年,才溪荣获"中央苏区模范乡、福建省第一个模范区"的称号。同年春,为表彰才溪人民的光荣业绩,福建省苏维埃政府印发了"为建立才溪光荣碑告才溪群众书",拨款兴建光荣亭。同年7月,光荣亭建成,亭内陈列了中央和上级苏维埃政府给才溪的奖旗、奖匾,两旁石碑林立,刻有全区烈士名讳简历。此亭是由具有优良传统和能工巧匠的才溪建筑工人因地制宜自行设计、施工制作的仿欧式建筑。亭设七孔拱门,正面拱门上方镶嵌着龙狮、奔马、梅兰竹菊、青松古柏等沙灰浮雕,具有很高的艺术价值。

光荣亭

1934年4月,国民党复辟,光荣亭被毁。1955年重建光荣亭。1956年5月1日,毛泽东到广州视察工作,亲自为光荣亭题写了亭名,并交由中共中央办公厅机要局局长李质忠(才溪人)带回给才溪人民。据悉,毛泽东一生为亭题名在全国唯有两处,除此之外,另一处为湖南长沙的爱晚亭。1985年,福建省人民政府公布光荣亭为省级文物保护单位。

(四)临江楼

临江楼,坐落在上杭县城浮桥门东边,是一座闻名遐迩的革命小楼,占地约300平方米,高三层。楼前的浮桥门码头上有一棵百年老榕树,当年毛泽东同志和朱德同志经常在树下交谈闽西土地革命斗争形势。

上杭临江楼

1929年重阳节前夕(10月上旬),毛泽东同志来到上杭城里,住在临江楼二楼东厢房。当时,正值金菊盛开的深秋时节,临江楼庭院里菊花飘香,别有一番诗情画意。他站在临江楼上,面对滔滔汀江,放眼寥廓江天,触景生情,于是写下了千古名篇《采桑子·重阳》。毛泽东同志在临江楼住了十几天之后,于10月下旬离开上杭城而前往古田苏家坡指导闽西特委工作。如今,临江楼是上杭县革命博物馆所在地、福建省首批重点文物保护单位。

附:毛泽东在上杭写的著名诗篇:《采桑子·重阳》《清平乐·蒋桂战争》。

采桑子·重阳
毛泽东(1929年10月)
人生易老天难老,岁岁重阳,今又重阳,战地黄花分外香。
一年一度秋风劲,不似春光,胜似春光,寥廓江天万里霜。

《清平乐·蒋桂战争》
毛泽东(1929年10月)
风云突变,军阀重开战。洒向人间都是怨,一枕黄粱再现。
红旗跃过汀江,直下龙岩上杭。收拾金瓯一片,分田分地真忙。

(五)长汀红色旧址群旅游区

共和国摇篮、中央苏区的两个中心城市,是"红色故都"瑞金与"红色闽都"汀州(今长汀)。1929年1月,毛泽东、朱德率领红四军主力从井冈山出发,转战赣西南、闽西,开创"工农武装割据"新局面。3月,红四军首次入闽,经长岭寨战斗,进驻长汀城。从此,这座城在第二次国内革命战争时期,成为中央苏区的中心,为中国革命的胜利举行了"红色奠基"礼,从而名列中国著名的革命圣地。

半个多世纪过去了,这块红土地上至今保留着相当多的革命文物和革命旧址,其中有辛耕别墅(毛泽东、朱德旧居)、云骧阁、福音医院、中共福建省委旧址、福建省苏维埃旧址、福建省职工联合会旧址(刘少奇旧居)等六处全国重点文物保护单位和瞿秋白纪念碑这一处全国重点烈士纪念建筑物保护单位。

1. 瞿秋白烈士纪念园

瞿秋白纪念园位于长汀县城西门外罗汉岭,占地面积1.7万平方米,园内有瞿秋白同志就义地、瞿秋白烈士纪念碑和瞿秋白烈士纪念馆。

2. 瞿秋白烈士纪念碑

纪念碑建在三层高台之上,这三层高台是按这里的山坡地形来设计的。宽大的石阶步步登高,使整个纪念碑显得巍峨壮观。

瞿秋白烈士纪念碑最早建于1952年10月12日,同年12月22日竣工,当时称为"瞿秋白革命烈士纪念碑"。"文革"时,纪念碑遭到破坏。现在的纪念碑是长汀县人民政府于1983年重新修建的,占地面积176平方米,碑身全高30.59米,碑身用砖体结构、白色水泥洗沙饰面,台座用普通水泥洗朱红沙子,碑顶盖琉璃瓦。"瞿秋白烈士纪念碑"碑名由全国政协原副主席陆定一题写,正面碑文用天然大理石雕刻而成。1985年6月18日,福建省委、省人民政府在纪念瞿秋白就义50周年之际举行了隆重的揭碑仪式。

长汀瞿秋白纪念碑

3. 福建省苏维埃政府旧址——汀州试院

福建省苏维埃政府旧址,宋代为汀州禁军属地,明、清两代辟为试院,是长汀县现存众多文物古迹中保存最为完整、规模最为宏大的古建筑之一,是长汀县久负盛名的旅游观光胜地、全国重点文物保护单位。现作为长汀县博物馆。内设"汀州客家历史陈列馆""共和国闽籍将军馆""中央苏区首府——长汀历史陈列馆""中央苏区红色小上海陈列馆"等基本陈列。1996年被国家文物局授予"全国优秀爱国主义教育基地"。

苏维埃旧址

4. 中央红色医院旧址——福音医院

福音医院背靠风光秀丽的卧龙山,坐北朝南。它建于清光绪三十四年(1908年),是英国传教士赖查理主办的教会医院。这座医院的建筑外观及名字都具有浓郁的西方色彩,原名叫"亚盛顿医馆",英帝国主义在此培养基督教徒,利用办医、办学,宣扬自由、平等、博爱等手段笼络人心,从而达到文化渗透的目的。辛亥革命的一声炮响震惊了中国,也震惊了世界,"亚盛顿医馆"被迫改名为"福音医院"。"福音"意为上帝带来的好消息。

5. 红四军司令部、政治部旧址(毛泽东、朱德旧居)——辛耕别墅

辛耕别墅原是商会会长的住宅。它坐北朝南,府第式砖木结构,占地面积532平方米,具有典型的客家传统民居的建筑特色。

辛耕别墅

6. 长汀县革命委员会旧址——云骧阁

云骧阁是全国重点文物保护单位,长汀县革命委员会旧址。它位于汀江之畔乌石山上,是古代汀州八大风景名胜之一。

7. 中共福建省委旧址(周恩来旧居)——中华基督教会

旧址原是中华基督教会教堂,教堂建筑面积 390 平方米,由礼拜堂、后厅、后楼组成,砖木结构,坐西向东,背靠汀江。现为全国重点文化保护单位。

8. 福建省职工联合总工会旧址(刘少奇旧居)——张氏家祠

福建省职工联合会旧址位于长汀传统商业街区水东街的中心地带,原为长汀城张氏家祠,是清代穿斗抬梁土木结构的建筑,由大门、前厅、后厅、后楼组成。现为全国重点文化保护单位。

9. 红军长征出发地、二万五千里长征零公里处——中复村(钟屋村)

钟屋村,距长汀城 43 公里,是长汀县的南大门,当年中央苏区的东大门,现有人口 4 000 余人,95% 以上为钟姓。该村是著名的革命基点村,第二次国内革命战争时期,在这块红土地上,中国共产党领导苏区人民开展了轰轰烈烈的土地革命,指挥了中央苏区的最后一次大胜利——温坊战斗,进行了中央苏区长征前的最后一战——著名的松毛岭阻击战,开始了举世闻名的二万五千里长征。中复村作为长征四个出发地之一,由该村出发的红九军团是奉中革军委命令最早实施战略大转移(长征)的中央主力红军,也是距长征落脚点最远的一个出发地,是二万五千里长征真正意义上的"零公里处",被誉为"红军长征第一村"。

三、宗教文化之旅

(一)天宫山

天宫山位于龙岩江山乡和雁石乡交界处,是闽西宗教旅游胜地。

早在唐代,天宫山上已经建有寺庙,至清代时香火已经很鼎盛。近年来天宫山寺观建筑不断完臻,山下建有山门,入山门后依次有天王殿、大雄宝殿、大悲殿、地藏王殿以及观慧楼、佛堂、缘梦精舍、宾馆等。这群寺观建筑深嵌于方圆 3.2 平方公里的山间,为山景增添不少秀色。

天宫山自然风光神奇秀丽,在山中可观云海、奇峰、泉瀑以及晨曦、夕阳、岚雾等景象,令人流连忘返。

1. 圆通禅寺

圆通禅寺位于福建省龙岩市东北部天宫山。天宫山又名天公山,海拔 1 594 米。据《图纪》《福建通志》记载,"此山常有白云覆之,每阴晦则闻箫鼓声",当地也有"天公打乐鼓,回响在山麓"的民谚,山名即由此而得。天公山历来以神奇雄峻、清净庄严被列为闽西地区的游览胜地和最大的佛教道场,山上风景秀丽,气候宜人,历代僧众在此弘扬佛法,广结善缘。

相传唐初此处始聚人为寨,后建观音庵。清朝中叶,南海普陀山的法师到此住持并将"观音庵"改为"圆通禅寺",从此寺名一直承传下来。后因战乱,圆通禅寺的钟声又中断了好些年,1949年后,圆通禅寺香火旺盛,信徒渐多,当时的主持普光法师集资修建了大悲殿和慈云楼。"文化大革命"期间,各地寺院尽遭破坏,僧众被驱,圆通禅寺同样难以幸免。至此,圆通禅寺已有了1 370多年的历史。

20世纪80年代,佛教工作进入一个新阶段,在地方政府和佛教界人士的恳求下,光胜法师由福建省佛教协会调来此间。他看到圆通寺残垣断壁、满目荒凉,感慨万千,发愿重修。经过17年的奔波募资,终于建成牌坊、山门、天王殿、大雄宝殿、钟楼、鼓楼、藏经阁、方丈室、禅堂、罗汉堂、大悲殿、斋堂、僧寮、玉佛殿、客房、居士楼、地藏殿、海会塔,总建筑面积15 000平方米。另外新建了一条整个寺院四面相通的"日月回廊",全长850米,这是圆通禅寺的一个特色,为省内外寺院所罕见。与此同时,全寺各个殿堂装塑了精美的佛像,购置了各种法器。如今,圆通禅寺已真正成为一座布局整齐、设施完备、焕然一新、规模宏大的佛教寺院,并于1998年农历八月十八日举行了隆重的佛像开光法会。

圆通禅寺历来注重收藏、保管各种历史文物,该寺藏经阁收藏有北京版和香港版《大藏经》共200多册,其他的经书、典籍18 000多卷(套);阁中佛龛供一尊从缅甸迎回的玉卧佛。大雄宝殿里三尊三世大佛像分别高五米和4.6米,神态庄严,造型宏伟。罗汉堂里供奉着五百尊栩栩如生、工艺精湛、形象各异的贴金罗汉像,这些佛像都有较高的艺术价值和收藏价值。大悲殿里的藻井,仿明朝旧制,全部用木结构,雕龙描凤的图案以小方块木头接榫而成,不用一枚铁钉;还有大雄宝殿大门的红木雕刻制作等均为闽西地区仿古建筑之最。

此外,圆通禅寺还收藏有著名佛学家、作家、书画家的一批书画、文学作品。

2. 梵天仙境

沿着灵鹫岭两公里长的石阶小道,一步一阶,登山朝圣,犹如从尘世通往梵天仙境。灵鹫岭,在天宫山主峰南侧,蜿蜒盘旋24弯,铺设2 000余个石阶引游人上山,直达山上圆通寺。一年四季,常常云雾缭绕,"之"字形石阶古道如盘龙,似飘带,在云雾中时隐时现;人行其中,举足踏云,飘然若仙,似要凌空而去,真是"出凡尘喧嚣之外,入虚无缥缈之间"。

攀上灵鹫岭,圆通寺就坐落在一块小盆地上,庄严肃穆,别具一格。经20世纪80年代初政府的支持和信众的赞助,圆通寺已重振胜地,寺观建筑群层层叠叠,金碧辉煌。

3. 政协主席题字

全国政协原副主席、中国佛教协会会长赵朴初亲笔题写的"大雄宝殿""圆通寺"两块金匾,分别高悬于大雄宝殿、大悲殿前。重建的"大悲殿"庄严雄伟,供奉高达三米余的贴金观音塑像。"观慧楼"上供设"华严三圣"宝像,收藏有珍贵佛籍经卷和名家墨宝。

4. 禅林胜景

圆通寺顺应地形地貌而建,三面岗峦回围,一面视野开阔,以寺观建筑整体的隐蔽求得禅林仙界的幽深。而寺周遍布的胜景佛迹,进一步烘托出禅林仙界的意境。

灵鹫岭上,一块巨石横空,铺架如台,迎面石刻"飞天法桥"四字,相传此石为菩萨西游所留之物,古称"如意石",寓"慈航普度"、一路顺风之意。"大悲殿"右侧一石镌草书"岩泉甘露",岩下有清泉一泓,名"甘露泉",古称"法水流香",香客游人视如"消灾甘露"常带归与家人同喝。

寺后天宫山主峰,恍如弥勒大佛慈祥地端坐在云天里,"大肚能容容天下难容之事,慈颜含笑笑世界可笑之人",故名为"佛山",是一罕见的天然奇观。佛山上有块"独尊石",寓"极目云天,唯吾独尊"之意,又称"天柱插云",相传古时有法师在此施法撑日。还有一大"佛"字石刻,高达四米,刚劲有力,20里外犹可见其迹。登山顶,极目云天,巍巍近岭、朦胧远峰、点点村舍,无边无尽,一种超凡脱俗的感受油然而生。

(二)中华山性海寺

性海寺位于福建省连城县中华山,距县城40公里,为200平方米的小寺院。性海寺始建于明洪武四年,是八闽名刹之一。"文化大革命"中,寺被拆毁,变成油茶基地。1981年落实宗教政策始归还,由慧瑛法师接管。1982年开始修复,慧瑛法师率徒二十人,披荆斩棘,省吃俭用,建成了山门、天王殿、大雄宝殿、十八罗汉堂、禅堂、地藏殿、大悲楼、祖师殿、伽蓝殿、钟鼓楼、法堂。法堂为三层楼建筑,一层为卧佛殿,三层为藏经阁,后又建虚云和尚和慧瑛和尚利塔、普同塔、五佛塔及百余间僧寮。整个寺院建在一条上窄下宽的山冈高阜上,其地形像一只琵琶。后方及左右两侧高山环绕,高山与冈阜左右之间,是倾斜而下的山凹,梯田似鱼鳞迭比。前面低丘透翠,绿草如茵,香气四溢,后山有清泉一处,引入寺中放生池内,清澈照人。整个寺院环境幽静安谧。

赵朴初先生有《调寄采桑子》词寄赠慧瑛和尚及诸上善人,刻于石碑:"举起锄头开净土,无限庄严现人间,宝树琪花山后前。如来家业须弥重,都在双肩。高唱农禅,普与恒沙结胜缘。"

慧瑛法师圆寂后,光良法师继任方丈,1997年,又建山门牌楼一座和慧瑛法师舍利塔一座。

性海寺内的僧众是"农禅并重"的典范,他们提倡"一日不作,一日不食"的寺规,在周围几十里山地种植了3 000多亩油茶林和桃、李、梨、桔等果树,还有一些花卉,使得这里四季飘香,也吸引了众多香客的到来。

四、乡村之旅

(一)上杭古田五龙农家乐

五龙农家乐位于上杭县古田镇东北角,紧邻会址。村庄历史悠久、人文积淀厚,面积18.67平方公里,总人口1 100多人,284户,整个村庄保持了错落有致的客家村落布局,生态环境优美。上杭县于2008年启动五龙农家乐建设,依托古田会址旅游区丰富的红色旅游资源以及优美的田园风光,现已建成25家独具特色的农家乐接待点,主要有五龙民俗文化广场、农家乐管理中心、感恩亭、感恩堂、农家书屋、田园风光等景点,成为古田会址旅游区中一个融田园观光、休闲度假、文体娱乐、农事参与、客家寻根、知青觅踪为一体的休闲旅游新景点。2011年被评为全国休闲农业与乡村旅游示范点、福建省首批四星级乡村旅游经营单位。

五龙客家民俗文化广场占地约2 000平方米，建筑面积约300平方米，主要为戏台加回廊的全木结构建筑。2010年2月13日（农历大年三十），胡锦涛总书记来到该村，在广场上亲自为金色的长龙点睛，和老区干部群众一起跳"节节高舞"唱客家山歌欢度春节。

为了感恩胡总书记对五龙村村民的关爱之情，勉励村民世世代代牢记总书记的关怀与嘱托，五龙村村民自发地在五龙村新建了感恩亭和感恩堂。

感恩亭于2011年1月3日落成揭牌，位于五龙溪旁，占地面积约130平方米。亭阁按上杭客家的古建筑风格进行设计，呈四角形，阁楼由木质材料结构组成，古色古香。亭阁周围栽种了100多棵铁汉松、香樟、桂花、绿竹等各类名贵树种。亭阁在花树和清澈透亮的五龙潭溪的衬托下，显得更加高贵典雅。

感恩堂位于五龙村农家乐管理中心内，是一座具有客家古建筑风格的两层楼建筑。此楼的第二层是纪念胡锦涛总书记2010年大年三十来到古田镇和五龙村与老区人民一起过大年的专题展室，通过各种图片和物品展示了总书记在古田的完整行程及老区人民的喜悦心情。

胡锦涛总书记在五龙过大年那天看望了一位老人，她就是90多岁高龄的烈属张唐妹。当天，总书记还和张唐妹全家人一起包起艾叶粄，做幸福糖枣。现在张唐妹家的农家乐开得红红火火。2010年8月，福建省新闻出版局捐建的五龙村农家书屋示范点正式在张唐妹家的农家乐里落成揭牌。五龙村农家书屋占地450多平方米，全由木质结构建成，分为图书阅览区、报刊阅览区和多媒体阅览室三大功能区，还配有投影、会议桌、沙发、空调等设施设备。目前书屋所藏图书已达2万多册，成为福建省农家书屋建设的示范之作。

五龙村还开辟了田园风光观光车道，沿线打造千亩生态观光农业长廊，游客可以乘坐观光车绕村而行，欣赏田园美景。五龙村的田园作物丰富、花艳果香，一年四季均有景。同时开辟了100亩"圣地菜园"，用于出租给游客种菜或劳动体验。

（二）漳平永福高山农业旅游度假区

永福镇位于漳平市的西南部，平均海拔780米，最高海拔1 200米以上，土地面积535.5平方公里，总人口4.6万人。镇区距漳平市区41公里，距龙岩市区42公里，距漳州和溪高速公路路口37公里，交通相对便利。

1. 永福品牌

由于永福自然条件适合发展高山农业，又具备浓郁的高山风情，漳平市将它逐步打造成高山农业旅游休闲度假区，并培育成名副其实的品牌镇，主要有以下品牌：

（1）国家级漳平（永福）台湾农民创业园

2008年，"国家级漳平（永福）台湾农民创业园"经国台办、农业部批准正式设立，成为两岸合作交流的重要平台。

（2）大陆阿里山

由于永福海拔高、纬度低，盆地内长年空气比较湿润，山地气候与台湾文山、南投的农业生产条件相同，适合高山茶种植，被台商亲切地誉为"大陆阿里山"。

（3）大陆地区最大的台湾软枝乌龙茶生产基地

永福具备发展高山茶产业的得天独厚的地理气候和人文优势,在台湾农业界已经形成了很高的知名度、美誉度。目前永福高山茶的种植面积约5万亩,成为大陆地区最大的台湾软枝乌龙茶生产基地。这里出产的"永福高山茶"香气清高细长、滋味浓醇甘爽,深受消费者青睐,畅销广东、台湾以及日本等地。永福高山茶还在国内外茶叶大赛中获得过金奖、名优奖等奖项。

(4)中国杜鹃花之乡

永福镇属亚热带季风性气候,温和湿润,阳光充足,雨量充沛,干湿季节界线分明,高山立体气候明显,垂直气候差异显著,适宜各类花木生长与繁殖,野生花卉资源丰富,具有发展花卉种植业得天独厚的气候条件。永福花卉栽培技艺距今已有700多年的历史,早在南宋时期,永福就开始盛行"养花",成为蜚声江南的"高山花园"。如今,永福镇是全国十大花卉生产基地之一,盆栽杜鹃花占全国市场总量的70%以上。2000年国家林业总局、全国花卉协会授予永福"中国杜鹃花之乡"的美名。

(5)高山反季节蔬菜生产基地

永福的反季节蔬菜种植面积达4.2万亩,且品种繁多,有茭白、西红柿、茄子、白菜、花菜等,是福建省的主要蔬菜产地之一,也是福建省农业产值最大的乡镇。

此外,永福镇还有很多知名称号。2010年获得"省级农业旅游示范点"称号,2011年又被评为"全国休闲农业及乡村旅游示范点"。同时还拥有"全国环境优美乡镇""福建产茶明星乡镇"等。

永福有许多风味小吃,有清爽可口的永福清汤粉、香甜细腻的糯米糍、韧滑爽口的永福魔芋等,价廉味美。

俗话说"一方水土养一方人"。永福人精明能干、敢闯敢做,喜欢外出打拼,现有1万多人在外打拼,超过永福总人口的五分之一,漳平人都喜欢开玩笑地把永福人称作"犹太人"。在北京、上海、广州等大城市里都能看到永福花卉一条街、永福布匹一条街等等,正应了那句话"爱拼才会赢",永福人在全国各地甚至海外,都开拓出了自己的天地。

2. 主要景点

(1)台缘山庄

台缘山庄是一座商务型酒店,"台缘山庄"这四个字是由台湾著名教育家、书法家陈岳山先生题写的。山庄占地面积1 000多亩,是"海峡两岸茶文化交流中心",是漳平台湾农民创业园对外联络的窗口和闽台茶文化交流合作的平台,也是永福高山农业旅游区的游客服务中心,整个山庄体现台湾风情与特色,台缘湖、台缘桥、观景台,是游客品茶、观景、听雨的绝佳去处。

(2)鸿鼎观摩茶厂

该茶厂是国内最大的现代标准化乌龙茶加工厂,占地面积2 800多平方米,全部采用先进的技术装备,实施连续化萎凋、连续化做青、连续化包揉配套工程技术。

(3)十里花街

道路两旁是永福花圃、林圃最集中的区域,素有"十里花街"之称。目前已形成了以西洋杜鹃为主,兰花、瑞香、铁树、茶花、君子兰、大花蕙兰、蝴蝶兰、桂花、罗汉松等为辅的花卉生产格局。

(4)永福民俗馆

永福民俗馆占地面积 600 平方米,由民俗馆及茶馆组成。民俗馆通过实物、图片、文字展示介绍了永福的历史、宗教信仰、姓氏、文物、书院、古建筑、名人、节日民俗、婚嫁礼仪、小吃、农业生产风貌等永福民俗与文化;另设古朴的茶馆,为游客提供品茶、休憩的场所,还可品味永福籍书法家、画家的作品。

(5)西山村古民居、农家乐集中区

西山村的古民居较集中且保存完好,民居简洁、古朴,展示出简约的美,体现闽南建筑风格,房前屋后的花园、瓜架能让游客深深感受农村的真善美,以及人与自然的和谐之美。近年来,市旅游部门和当地政府引导村民利用现有资源,发展农家乐旅游项目,走进西山,"当一天农民",吃农家饭、干农家活、过农家人生活。

(6)台品茶园

台品茶园占地 1 200 亩,创办于 1996 年,是台湾农民创业园引进的首家台湾高山茶企业,海峡两岸茶叶合作的重点示范基地,也是海峡两岸农业合作的龙头企业。茶园全部采用标准化栽培模式,茶园道路两旁引种日本樱花,一年四季均可欣赏绿色茶园风光。

(7)毓秀塔

取"钟灵毓秀"之意,建于漳平市永福镇吕坊溪、李庄溪汇合处。塔始建于宋末,原为木构,明末毁于火,清乾隆四十三年(1778 年)改用三合土重建。塔高 22 米,为楼阁式空心七层建筑。塔身除开券顶门外,还辟有圆形、八卦形明暗窗,并绘饰人物故事、花鸟虫草等图案。塔基座以花岗石砌筑,四周围以石栏。该塔与近处的妈祖宫、观音寺、燕溪桥等名胜古迹连在一起,相映成趣。每逢农历三月廿三妈祖诞辰日,这里必举行大规模祭典活动。永福天后宫独具匠心,横跨溪流,融庙、桥、塔为一体,不仅方便两岸民众往来,更寓意水上保护神妈祖的特有神功。

(8)北屏山塔

北屏山塔是闽西地区一座很有土楼特色的古塔,坐落于永福镇李庄村。塔建于清嘉庆年间(1796—1820 年),为密檐式六角三层砖土塔,通高 13 米,整座古塔造型别致,简洁淳朴。北屏山塔既是瞭望塔,又是风水塔。

(9)惠宁桥

惠宁桥位于永福李庄村,清嘉庆年间(约 1815 年)建,为石墩三孔廊屋式风雨桥。长 50 米,宽 5 米,廊屋为单檐歇山顶抬梁式构架,高 3.5 米,17 开间,中亭有斗拱天棚。

(三)新罗区洋畲村——果竹之乡

洋畲村地处新罗区狮子山脚下,山清水秀,地灵人杰,距城区 12 公里,森林覆盖率达 96.8%,区内山峰连绵起伏,空气清新,生态环境优良,被誉为"城市边上的原始森林",是远近闻名的果竹之乡,先后获得过"全国绿色小康村""中国特色村""中国绿色村庄""全国生态文化村"等荣誉称号。

洋畲村历史悠久,拥有 5 000 亩翠绿的竹林、1 200 多亩成熟季节黄澄澄的柑橘园、2 800 亩保护完好的原始森林,还有千年池、紫金山、石源洞、仙竹石等自然景观以及绿色掩映的优雅别墅小区。目前村内已拥有农业观光园、森林游步道、迷宫、牧童放歌、农家宾馆等。

该村于 2006 年被中国村社发展促进会评为"中国特色村",被福建省林业厅评为"森林

人家"休闲健康游第一批试点村,对促进龙岩新罗区近郊观光农业的发展起到示范带头作用。每年11月下旬到12月上旬柑橘成熟时节,都会举办"橘子红了"洋畲采摘旅游节。

五、购物、美食、娱乐之旅

(一)客家美食

"民以食为天"这一千古名言在客家人聚居的地方尤为贴切。千百年来,智慧的客家人在生产生活中,开拓进取,创造了一枝独秀的客家文化。客家美食便是"客家文化之树"上一颗璀璨的果实。客家美食无论是珍品菜肴还是风味小吃,都形成了鲜明的客家风格,成为中国一大菜系。

1. 麒麟脱胎

这道菜取刚出生10～15天、重约一斤半、尚未开目的小狗一只,宰好去内脏,卷成一团。再选一中等大小新鲜猪肚,洗涤干净,一端切开小口,把小狗放入猪肚内,再投入五片老生姜、少量食盐和米黄酒。然后,用小绳线缠住切开的猪肚口,将整个猪肚放入陶钵内,加盖密封,置钵于锅中,盖紧锅盖,隔水文火炖1小时即成。开席时,把陶钵放在桌上,揭开封盖,浓香扑鼻。宾客趁热品尝,味厚而不腻,香浓而不燥,昔称"麒麟投胎",为客家地区珍品菜肴之一,尤以长汀为最。

麒麟脱胎

2. 白斩河田鸡

白斩河田鸡是最负盛名的客家名菜,被誉为"客家第一大菜"。选用产于长汀河田镇的"中国名鸡"河田鸡加客家米酒烹制,皮黄脆、肉白嫩、味香。这是长汀年节喜庆宴席中必有的一道菜,也是海内外人士到长汀必品尝的一道菜,正所谓"不吃河田鸡不算到长汀"。

白斩河田鸡

3. 菜干扣肉

菜干扣肉是永定名菜。用三层肉或少量瘦肉,先炸或煎后,加蒜仁再放点糯米酒、酱油后,将永定菜干倒进锅,加点糖拌匀铲起,用钵子装好放进锅里蒸到肉烂、气味浓香为度。肉酥菜嫩,鲜香醇厚。

菜干扣肉

4. 芋子包、芋子饺

芋子包就是用芋子加适量番薯粉做包子皮包成的一种包子,制作方法简单,一般将个大、易烂的芋子洗净,连皮置锅内煮熟,然后取出剥去芋皮,置簸箕内捣(烂)成芋泥后,加入适量番薯粉和精盐,用擀面杖擀成包子皮。而内馅是瘦猪肉、香菇、冬笋(或笋干)丝、虾仁、萝卜丝、葱白等料,并将其剁碎,放入精盐、味精下锅翻炒,滤去汤汁即成馅心。

芋子饺

5. 涮九品

涮九门头,系选用牛身上最精华的九个部位的肉,即牛舌峰、百叶肚、牛心冠、牛肚尖、牛脊肉、牛百叶、牛心血管、牛腰、牛肚壁,经过严格选料,精细刀功,辅以佐料、米酒和数味中草药制成。此菜鲜嫩脆爽、汤味馨香,有健胃补肾、祛寒去湿的功效,是药膳兼济的佳肴,此菜已被列入全国名菜谱。

涮九品

6. 雪花鱼糕

雪花鱼糕也称鱼板,是上杭、连城的一道名菜。该菜选用鲜净鱼肉,剥除皮骨配以肥猪肉、地瓜粉、蛋清及调味品制成,装盘后观之如银似雪,食之鲜香滑嫩,又称雪花银片、烊鱼。

上杭、连城人常以此菜为判断喜庆宴席的标准,有"不出烊鱼不成席"之说。

雪花鱼糕

7. 永定牛肉丸

永定牛肉丸在闽西久负盛名。它是精选上等新鲜牛肉绞剁成肉酱,拌以少许薯粉、精盐,精心制成丸状,然后再放入佐以目鱼、香菇的清汤中煲熟,食用时再放些胡椒、葱花、味精之类的调味品,味鲜爽口,食而不腻。

永定牛肉丸

8. 簸箕粄

簸箕粄是客家著名小吃,因用米浆均匀摊在簸箕中蒸熟包肉(菜)馅而得名。现代的簸箕粄已经很少用簸箕蒸了,改用蒸笼。

簸箕粄

9. 米浆粿

米浆粿是漳平的一道传统的汉族风味小吃，顾名思义是用米浆蒸制而成的。以早稻米和水磨成米浆，以清水加硼砂、碱、盐，用米浆调匀，煮沸；将猪肉丝、香菇片、油葱花、白糖、精盐等制成馅料，搅匀蒸熟而成。米浆粿入嘴飘香，口感滑嫩，若再配上一碗甘甜可口的冬瓜鸭汤，一口气能吃上好几块，饱而不腻。米浆粿还能煎着吃、煮着吃，吃法十分丰富。

米浆粿

10. 糍粑

糍粑是客家人的美食,象征丰收、喜庆和团圆。每逢传统节日或家庭喜庆,客家人都有做糍粑的习俗。客家农村有句俗话:"十月朝,糍粑粄子碌碌烧。"说的就是每逢农历十月初一,家家户户做的糍粑热气腾腾。糍粑是用糯米蒸熟捣烂后所制成的一种食品,以糯米为主料,浸泡后搁蒸笼里蒸熟,再迅速放在石舀里舂至绵软柔韧。趁热将饭泥制作成可大可小的团状,搁芝麻炒香磨粉拌白砂糖(或是黄豆炒香磨粉拌白砂糖)的盘里滚动,即可取食,口感香甜。

糍粑

11. 酿豆腐

酿豆腐是客家三大名菜之一。这道菜是由北方酿饺子演化而来的,由于南方稻多而少麦,又盛产黄豆,人们便把豆腐当作饺皮酿进肉馅煎煮熟,发现味道特别鲜美,于是便成了客家名菜。馅料因各人口味或家庭丰俭而定,一般以五花猪肉为好,配上少许香菇、鱿鱼、虾仁等,加上味精、盐,将馅酿进火柴盒大小的豆腐块中,用植物油熟炸再转煲10多分钟即可吃。连城有著名的"四堡酿豆腐",浓香软嫩,清爽可口,吃后不忘。寺庙膳食中的斋酿豆腐,馅料为花生仁、韭菜、葱白、腐竹、油炸、煎、煮均宜,香味四溢,吃不腻口。酿法上,梅县人最奇特,以三角块造型。烹制手法上,有红烧、炸、煎、煮、清蒸的,有半煎半煮的,也有煮火锅的,五花八门,争奇斗艳。

客家酿豆腐

12. 客家擂茶

在祖国博大精湛的茶艺中,擂茶是一枝独秀的奇葩,一般只在客家人中存在。制作擂茶时,擂者坐下,双腿夹住一个陶制的擂钵,抓一把绿茶放入钵内,握一根半米长的擂棍,频频舂捣、旋转。边擂边不断地给擂钵内添些芝麻、花生仁、草药(香草、黄花、香树叶、牵藤草等)。待钵中的东西捣成碎泥,茶便擂好了。然后,用一把捞瓢筛滤擂过的茶,投入铜壶,加水煮沸,一时满堂飘香。品擂茶,其味格外浓郁、绵长……据说擂茶有解毒的功效,既可食用,又可药用;既可解渴,又可充饥。又一说,擂茶源于中原,盛于长江中下游,至今仍流传于闽、粤、赣客家居住区。客家人热情,多以擂茶待客。待客擂茶分荤、素两种。招待吃素的客人饮用,加花生、豇豆或黄豆、糯米、海带、地瓜粉条、粳米粉干、凉菜等;招待吃荤的人饮用,则加炒好的肉丝或小肠、甜笋、香菇丝、煎豆腐、粉丝、香葱等配料。客家在南迁途中,千里迢迢,跋山涉水,餐风饮露,历尽千辛万苦,到了客居地又需要白手起家,逐渐养成一种坚韧耐劳、向外发展、敢于冒险的品格。正是这种品格,给了客家人不知疲倦地寻找新天地的原动力。擂茶的品格与客家精神不是有某些相通之处么?擂茶,取之于山野,烹之于征途,映日月星辰,染风霜雨雪;品之,呈优雅闲适之情,增粗犷豪迈之慨。它是客家的瑰宝,是跋涉者的"源泉"……每一种饮食文化,无不是生活哲学的一种诗化、一种启迪。

客家擂茶

(二)闽西特产

闽西物产富饶,以"闽西八大干"为代表的客家土特产以及各种精美工艺品,享誉海内外,是游客购物的最佳选择,也是馈赠亲朋好友的佳品。

1. 长汀豆腐干

长汀豆腐干始于唐朝开元年间,距今有1 200多年历史。闽西八干之首的长汀豆腐干,尤以制作精细、配料讲究、风味独特、味美可口而驰名中外。

长汀豆腐干

2. 连城地瓜干

早在两三百年前,连城地瓜干就驰名中外,成为清代贡品。连城红心地瓜干,以当地所产红心地瓜制成,不加任何色素,保持天然品质,色泽鲜红,味道甜美,质地软韧,营养丰富,是老幼皆宜的食品,也是馈赠亲友的佳品和宴客的美食。

连城地瓜干

3. 永定菜干

永定菜干已有400多年历史,品种有甜菜干和酸菜干两种。甜菜干颜色乌黑油亮,味道香甜鲜美。制作菜干时先将鲜嫩芥菜洗净,晒1~2天,待菜叶晒软时,用蒸笼熏蒸,蒸后再晒,反复几次。酸菜干呈黄褐色,味道酸中带甜。制作时先将鲜嫩芥菜洗净、晒软、切碎、加食盐揉搓后装入瓮内,使之发酵发酸,过一周左右取出焖煮晒干,再用蒸笼熏蒸,然后晒干,蒸晒两次以上后收藏。

永定菜干

4. 上杭萝卜干

上杭萝卜干距今已有500多年历史。它的制作一般在冬至前后进行,经过"晒、腌、藏"三道工序。先将萝卜放进大木桶里,一层萝卜加一层盐巴,上面用石头或其他重物压住,一周后取出晾晒干,再将木桶里的盐水过滤煮开,倒进萝卜干中冲洗浸泡,然后取出晒干,等到变为金黄色后,装入瓮内捣实密封收藏起来。这样加工制作的萝卜干色泽金黄、皮嫩肉脆、甘香味美。

上杭萝卜干

5. 武平猪胆干

武平猪胆干已有 100 多年历史。它的制作要经过洗料、配料、腌制、晾晒、压扁、整形、检验七道工序。先将猪的肝和胆一起酱浸,加上适量白酒、五香等配料进行调味,然后再用温炭火烤熟。这样制成的猪胆干色泽紫褐,香而微甜,且有生津健胃、清凉解毒的功能,深受海外侨胞欢迎。

武平猪胆干

6. 明溪肉脯干

明溪肉脯干是将精瘦牛肉浸腌于面制的酱油中,加以丁香、茴香、桂皮、糖等配料,经一周左右,挂在通风处晾干,然后放入烤房熏烤而成。制成后色、香、味俱佳,既有韧性又易嚼松,入口香甜、其味无穷。除肉脯干之外,还有肉松,表面看去淡黄疏松,入口则芳香甘甜,为佐餐佳肴,清代时被列为上京贡品。

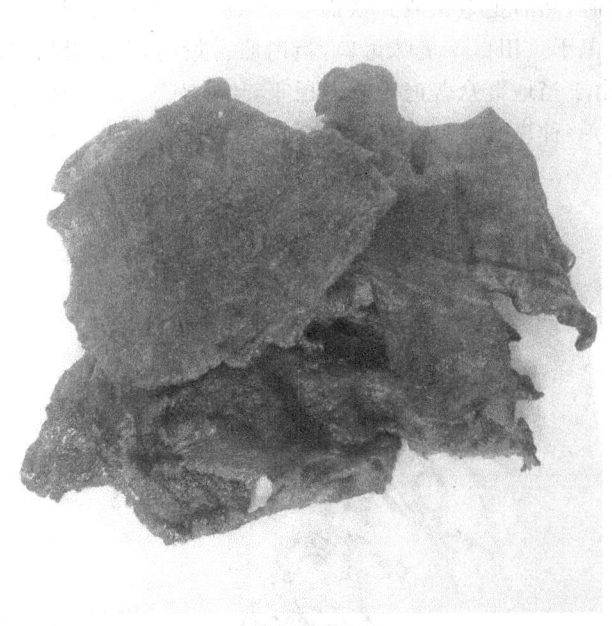

明溪肉脯干

7. 清流笋干

清流笋干是用刚出土的春笋尖制成的,称为"闽笋尖"。它以嫩甜清脆闻名,明清时代被列为上京贡品。八闽山区竹山多,唯清流闽笋尖历史悠久,驰名中外,深受上海、天津、广州群众及港澳同胞的欢迎,如名菜"烩三丝""御炉肉",闽笋干都不可缺少。

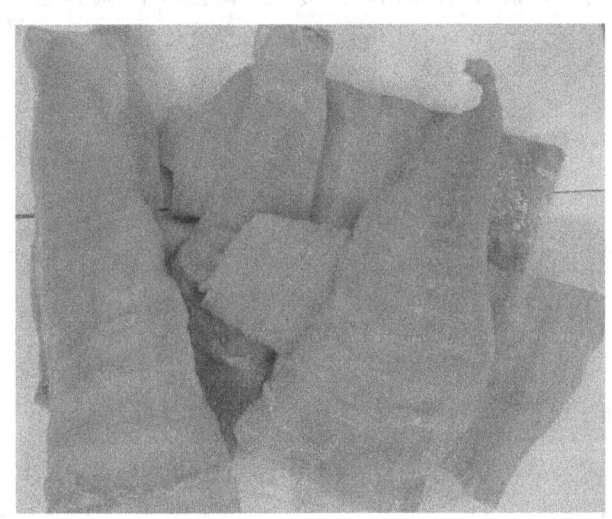

清流笋干

8. 宁化老鼠干

宁化老鼠干实为田鼠干,系由人工捕捉的田鼠加工制成。田鼠干的加工制作方法:把老鼠褪毛剖肚，去除内脏，然后把老鼠放到铁锅中的米糠里，下面烧柴火，米糠起烟慢慢把老鼠烤成酱黄色，制成老鼠干。田鼠干美味可口，蛋白质含量高，尤有补肾之功，对尿频或小孩子尿床症具有疗效。由于当地群众普遍爱吃老鼠干，历来有"老鼠干猪肉价"之说。冬季来到，人们把吃老鼠干作为一种享受，多为炒而食之，爱喝酒的人视其为配酒上品。（明溪、清流、宁化现为三明市辖）

宁化老鼠干

10. 漳平笋干

漳平笋干俗称"闽笋"，色泽金黄，呈半透明状，片宽节短，肉厚嫩脆，畅销国内外。很久以前，"闽笋"就被列为十番素物、百味山珍。传统烹调技术中，闽笋是久负盛名的佐料。

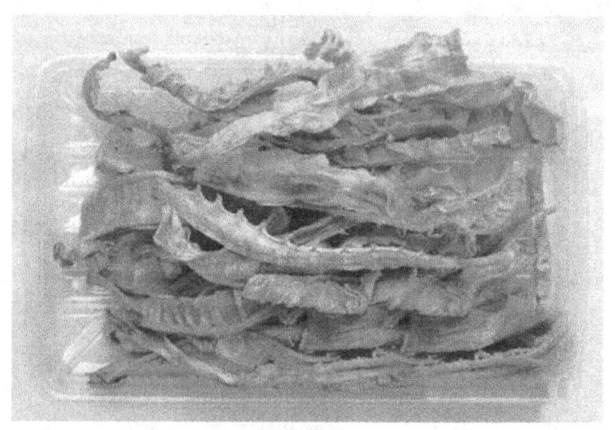

漳平笋干

11. 新罗米粉干

新罗米粉干尤以苏板米粉为佳，系选用优质大米、传统的手工工艺精制而成。色白质韧，一煮即熟，经久不糊，润滑可口。享誉八闽的龙岩清汤粉，就是以苏板新鲜米粉为主料。

新罗米粉干

12. 连城白鸭

连城白鸭早在清朝道光时期就被列为贡品,不仅可作膳食,还具有清热解毒、祛痰开窍、滋阴补肾、宁心安神、开胃健脾等药用价值,而被称为"全国唯一的药用鸭",被收入国家级畜禽品种资源保护名录。相传,它是莺与鸭杂交,经鸭农不断选育而成的,在连城繁衍栖息百年以上,具有"白羽、乌嘴、黑脚"的外貌特征。连城白鸭肉质细嫩、味道鲜美、含脂率低,是现代人食补食疗的首选佳品。

连城白鸭

13. 连城宣纸

社会名流、文人雅士,素来对连城宣纸宠爱有加,把它作为馈赠亲友的佳品。相传,宣纸原产于唐代宣州泾县(今安徽),在宋时传入连城。史料记载,明嘉靖年间,连城人就能用董

草和榆树皮制作宣纸。连城宣纸从清嘉庆年间开始出口。因当地丰富的竹木资源和独特工艺,连城宣纸具有纸质薄韧、颜色洁白、吸水力强等优点,成为精装印刷、复制描绘、书画装裱的好材料。连城四堡能名列明清时期中国四大雕版印刷基地之一,连城宣纸功不可没。

14. 永定红柿

永定红柿,是在永定特殊气候条件下,经过数十代柿农历时500余年逐步驯化栽培选青而成的。永定红柿单果重150~200克,呈扁圆形,少核或无核;果实外观鲜红艳丽,肉嫩汁稠味甜如馅,清甜爽口。柿饼、柿酒、柿脯、柿酱等系列产品已研制成功。日本大福产业株式会社董事长安田造佑和日本昌农高等研究所所长、农业专家立花孝金曾专程赴永定红柿产区考察研究。他们认为:永定红柿品质一流,适合做柿干等系列食品,外销日本及台湾等地,三五年内将畅销世界各地。

15. 盐酥花生

新罗区的传统产品、闽西名优产品,以酥、脆、香闻名,享誉东南亚各国。它采用"湿熔""干蜡"两种传统工艺熔制,其中"温熔"最优,即用新鲜优质花生加盐煮熟后,用湿火慢烤而成。盐酥花生色泽美观、香味扑鼻,吃起来脆香可口、咸淡适中、味美无比,既可佐酒,也可配茶,百食不厌,老幼皆宜,是馈赠亲友的佳品。

16. 沉缸酒

产于新罗的龙岩沉缸酒,历史悠久,曾屡获国家金质奖,被列为全国18种名酒之一。它精选优质糯米为原料,配上特制酒曲和多种中药,并专用龙岩著名的新罗矿泉水酿造,经过独特的"三浮三沉"工艺过程,陈酿三年而成。沉缸酒色似琥珀,味如琼浆,醇厚适口,留香绵长,具有舒筋活血、滋补强身、延年益寿之功效,为宴席佳酿,深受海外乡亲的喜爱。

17. 水仙茶饼

漳平"水仙茶饼",又名纸包茶,是福建名茶之一,尤以盛菁水仙茶饼为佳。其外形扁平四方,色泽乌褐油润,液色深褐,具兰花香,滋味醇厚,携带方便,便于保存。且产于高山之上,无污染,无农药残留,属绿色食品。

18. 永福藤器

花乡漳平永福也是福建藤器产品主要产地之一。这里家家经营藤业,户户会藤艺,素有"藤乡"之称。以毛竹、杉木构造造型的骨架,用当地盛产的龙须藤编织各式藤器产品,如藤椅、藤床、藤桌、藤茶具、藤垫等数十个品种,造型美观大方,框架结实牢固,色泽越久越光滑,屡受好评。

永福藤器

19. 佳丽斯床上用品

龙岩佳丽纺织装饰用品公司生产的床上用品是部优产品,其设计秉承了历史悠久的欧陆文化,清新、典雅、细致,产品均采用德国、意大利先进的印染工艺,品质柔软、舒适、耐水、不褪色。面料从全棉到涤棉,经纬密度从 150 针到 255 针,不同的织底满足多方位的需要。

(三)娱乐

1. 闽西木偶戏

闽西木偶戏属提线木偶,旧称"傀儡戏"。明初由浙江传入上杭,后传到闽西、粤赣等客家人聚居地。闽西木偶戏,采用闽西汉剧调为唱腔,以铜锣、鼓、头弦、唢呐、二胡、扬琴等乐器来伴奏,每个木偶由 10 多条线操吊,木偶身长 76.59 厘米,头约 8.32 厘米,眼珠会转、嘴会张合、四肢能活动。角色分文、武小生,文、武老生,正、武、丑、老旦,文、武净和文丑等。音乐唱腔分"高腔"和"乱弹"两种。"高腔"的基本曲调为"九调十三腔",以清为主,用客家话演

闽西木偶戏

唱;"乱弹"则吸收闽西汉剧的西皮、二黄唱腔,用官话演唱,木偶戏剧目有几百个。20世纪50年代,闽西木偶戏代表队曾赴上海参加华东区地方戏曲会演,荣获"特种艺术表演奖"。

2. 龙岩采茶灯

龙岩《采茶灯》又名《采茶扑蝶舞》,明代起源于龙岩赤尾山(今龙岩市新罗区苏坂乡美山村)。采茶灯于1981年被国家文化部音乐研究所收录于《中国音乐史音响曲谱资料》中永久保存,同年联合国教科文组织记载了美山村《采茶灯》的原始曲谱并确定为世界名曲,2005年被列为首批省级非物质文化遗产。《采茶灯》距今约260多年左右,基本舞步风格独特,其步伐轻盈、细碎、身体挺拔;其舞蹈以穿插变队形为主,一般有几十种花式;音乐采用宫廷流落民间的古典和当地的民间小调,音乐曲调节奏明快、旋律优美并配以戏文和民间故事为内容的唱词,边舞边唱。采茶灯表演队伍组成人员有茶公(穿汉衣,扎腰中,执大蒲扇)、茶婆(梳银宝头、穿蓝色宽锦边襟衣和罗裙、腰扎绸带、系花围裙、执麦秆扇)和采茶姑(8人,额佩凤珠翠屏、头梳燕尾髻、穿大红彩莲衣、细腰扎绸带、一手执折扇、一手提花篮灯)、武小生、男小丑(一手执黑折扇、一手提灯笼或马灯),他们边舞边演,穿插道白或演唱。《采茶灯》舞蹈曾风靡大江南北,是福建最具有代表性的民间舞蹈之一。

龙岩采茶灯

3. 闽西客家山歌戏

闽西民间广泛流传的山歌、民谣,具有独特的、鲜明的通俗性和流传性,是直接反映劳动人民社会生活与个人情感、遭遇的吟唱。山歌的表现形式淳朴、自然、真实,乡土气息格外浓厚,尤其是结构短小、韵味和谐,唱起来琅琅上口,因此群众基础十分扎实,可谓"处处有山歌,人人唱山歌"。闽西客家山歌,大致可分为劳动歌、情歌、仪式歌、儿歌、革命山歌和新时政歌。

4. 闽西汉剧

闽西汉剧是福建省主要的地方戏曲剧种之一，属西皮、二黄声腔体系，旧称外江戏，亦称乱弹，主要流行于闽西、粤东、赣南、闽南、台湾等地，影响遍及东南亚地区。清代乾隆年间，乱弹流入闽西后，不断吸收当地方言和民间音乐，于嘉庆年间逐步演化成闽西本地的地方戏曲剧种，原来称为乱弹；20世纪30年代初定名为汉剧；20世纪50年代末为与湖北汉剧相区别，正式改称闽西汉剧。

闽西汉剧

【习题与技能训练】

1. 龙岩主要有哪些典型客家民俗旅游资源？
2. 龙岩主要有哪些典型的客家民居建筑？
3. 永定经典土楼主要有哪些？
4. 龙岩红色旅游资源有哪些典型代表？
5. 分析龙岩红色旅游发展受哪些因素的影响。
6. 简述闽西八大干产品和产地。
7. 客家美食无论是珍品菜肴还是风味小吃，都形成了鲜明的客家风格，成为中国一大菜系。列出龙岩主要的客家美食及其特点。

第三章
客家文化

客家是中国汉族的一个庞大的民系共同体,历史悠久,人数众多。客家历史源流的研究,直到20世纪才引起人们的广泛注意,但此前的客家源流也有一些零星的记载,最早可以追溯到清代中叶。

一、客家起源

客家人原是古中原汉人,由于战乱、饥荒和政府奖惩的原因,辗转南迁,先后扩展到江西、福建、广东、广西、四川、湖南、台湾等省以及世界70多个国家和地区,目前世界上已有1 500万的客家人。

客家文化属畲侗民族与北方流人移民混化共同体,不完全是汉族文化,也不完全是少数民族文化。

"客家"先民自中原迁居南方,总计大迁移五次。他们定居以后,纷纷筑起围栏,然后用泥巴堆成一个个洞,这就是原始的"围楼"。秦汉之间,赵佗自立为南越王。汉武帝发兵南下平定南越,然后在秦代南疆三郡的基础上设置了九郡,其中就有闽中郡。东汉末年,黄巾起义,群雄割据,战乱频繁,烽火连天。居住在黄河流域的大批汉族民众,纷纷往南迁移,正所谓"群雄争中土,黎庶走南疆"。三国时,曹魏曾采用招致边民内迁的政策,延至西晋。建武年间,晋元帝率臣民南渡,即"永嘉之乱,衣冠南渡"。从汉末至东晋,中原汉人南迁长江流域,这是第一次大迁移。其中有少量到达粤闽边区。

东晋时期,长江流域战火纷飞,汉族民众又继续向南迁移。罗香林教授《客家源流考》称:"迄晋武帝统一中国,以见及三国割据的由来,而尽罢州郡兵权,边州因而空虚。会八王相继作乱,国力因而削弱,边区内徙的部族,便得相继乘机而起,于中国内地的一部分,建立他们的割据政权。晋代的中央政府,不得已也迁到建康,就是现在的南京,内地的人民有迁移力量的,或有迁移的机会的,都相率南迁,当时称为'流人'。"当时,福建地处东南海滨,局面较为稳定,因此南迁的中原民众一批一批涌来,沿武夷山南下或由赣南到汀州、宁化的石壁寨(现名石碧村)一带,然后继续移迁汀州郡各属地;一部分则由赣北向赣南散居各邑。入汀的中原民众与当地闽越族、畲族逐渐融合,成为汀州早期客家人。唐朝二年,闽粤之间有少数民族不满政府的压迫,聚众反抗。朝廷命左郎将陈政为岭南行政总管,统率大军入闽镇守。唐咸通年间,驻军因故反叛,以庞勋为首,率军进攻中原,后黄巢起义,十几年动乱,使得中国各地人民分头迁徙。其后,黄巢部下朱温弑唐昭宗,改国号梁,开始了五代纷争的割据局面。从东晋至五代,汉人又由长江流域南迁,这是第二次大迁徙。当时中原氏族入汀者数以千计。

宋高宗南渡,金人南下,元人入主,客家人的一部分又由闽赣分迁至粤东、粤北。这是第三次大迁徙。在此期间,中原氏族流亡入汀者日众。据说陈朝皇室陈元光裔孙陈叔明共有九子,成为巨族,奉谕巨族分居,乃散布九州。"九子分九州,满子封汀州"的陈魁(其实为第六子),字参琬,敕封大夫,携带家室97口迁汀州,为汀州陈姓始祖。汀州宁化石壁寨是当时江西入闽和闽北南来的重要通道,成为中原人入闽的中转站和客家许多姓氏先祖的居留地。就在此时,"散居于汀州、邵武各属的客家人,再迁梅州"。客家人从中原迁徙到中国南方,以及出海至南洋群岛乃至世界各地,有一大部分都经过了汀州宁化石壁。

明末政治腐败,又值连年灾荒,赤地千里,民不聊生,加之文官贪敛、武官诛戮无辜,官逼民反,农民起义各地蜂起。清军入关,进逼京师,旋又南下,史可法殉难,南都失守,福王出降,腥风血雨,遍于国中。清兵入闽,汀州、赣州大批民众仓皇逃难,分迁至粤中及滨海地区,乃至川、桂、湘及台湾,且有一小部分迁至贵州南边及西康之会理。此为客家人的第四次大迁徙。明末清初张献忠农民起义失败后,四川一带遭兵火之灾,田园荒废,地广人稀。康熙年间诏命农民迁往开辟垦殖,这是清代有名的一次大迁移,所谓:"移湖广,填四川。"

清同治年间,受广东西路事件及太平天国起义的影响,部分客家人分迁于广东南路与海南岛、台湾、香港、澳门、南洋群岛,甚而远至欧、美各洲。这是第五次大迁徙,是太平军失败以后的属于世界范围的迁移。

客家是一个具有显著特征的汉族分支族群,也是汉族在世界上分布范围广阔、影响深远的民系之一。从西晋永嘉之乱开始,中原汉族居民大举南迁,抵达粤赣闽三地交界处,与当地土著居民杂处,互通婚姻,经过千年演化最终形成相对稳定的客家民系。此后,客家人又以梅州为基地,大量外迁到华南各省乃至世界各地。客家四州为梅州、赣州、汀州、惠州。福建省宁化县石壁是客家传说民系形成的中心地域,石壁被称为"客家祖地"。

二、文化概况

客家文化,是指亚洲地区的客家人共同所创造的文化,包括客家话、戏剧音乐、舞蹈、工艺、民俗、建筑、人文、饮食等方面。客家文化源自苗、瑶、畲各族文化和中原文化的融合,再加上长期居住在丘陵地环境的影响,形成具有特色的客家文化。不同支系的客家人,在文化特征上也有所不同。而客家人也被称为是"东方吉卜赛人",其文化特色为保守、稳重、节俭。

三、客家历史

为什么在这里会产生具有如此强烈地域特色的客家文化呢?一方面是由于这里是一块四周被大山包围的丘陵山地,在它的西面是罗霄山脉,东面是武夷山与九连山脉,南面是南岭,在罗霄山脉的中段还有一条雩山山脉与武夷山相联结,从而把江西的南部与中部隔开,形成一个对外相对封闭的自然环境。生活在这里的原始居民是与赣、闽、粤、浙等南方地区同一族属的百越民,他们"各有种姓,互不统属"。秦汉以后,由于北方汉子不断进入该地区,使得百越民,有的成批汉化,有的被强制迁往江淮地区,有的则退出平原,进入深山老林,成了历史上曾经名噪一时的"山越"民,所以,从总的方面看,这里早已是一块人烟稀少的地方。两晋之际,尤其是唐宋之际,由于北方不断遭受战争的摧残,农村经济凋敝,因而大批难民渡江南下,另求生计。经过不断辗转迁徙之后,部分移民来到了这块被大山屏蔽的赣、闽、粤三角地区,与当地居民相互杂居,并在相对封闭的社会与自然条件下相互融合,从而创造出一支以汉文化为主导的、与周边文化相区别的地域文化,这就是客家文化。所以,组成该文化的原始基础是具有浓郁乡土气息的本地文化和具有汉唐风韵的中原汉文化,而推动该文化产生与发展的巨大动力是唐宋以来大批进入赣、闽、粤三角地区的北方移民。故有学者称其为特定历史条件下形成的移民文化,亦不为过。

正是由于客家文化是以中原汉文化为主体的移民文化,所以它不仅具有中原文化的深厚底蕴,而且还具有作为移民这一特殊群体所具有的文化面貌。比如,客家文化中所具有的十分强烈的寻根意识与乡土意识,正是移民在离开祖居地之后所表现出来的对原有文化的眷恋。同时,也正是由于客家人有很长一段漂泊流离的经历及到达定居地以后所面临的种种困境,锤炼出客家人坚忍不拔的意志、勇于开拓的精神、勤劳朴实的品格及善于用血缘、亲缘、地缘等各种条件建立同宗、同乡、同一文化内相互合作关系的团体主义精神。而所有这些,都是为了确保自身的生存与发展,实现由移民社会向定居社会转变的需要。正是由于他们在不断迁徙中求得了生路,寻找到了新的发展机遇,所以才使得客家人从自己的生活经验中得出了"人唔辞路,虎唔辞山""命长唔怕路远""树挪就死,人挪就活"的价值观念。

客家民系的形成历史久远。客家人原属中原汉民,历史上因为战乱经过多次迁徙,最后逐渐在广东、福建、广西、江西、四川、台湾、香港以及海外等地定居下来。客家文化是中原汉文化与南方本地文化融合的产物。客家文化的主体是汉文化,因为它更多保持着汉文化的基本特征,但在不少方面也受到土著文化的影响,这就使客家成为既不同于土著又不完全等同于中原汉民的一个汉族民系。客家话是汉语八大方言之一,客方言的分布地域很广。各地的客家人,虽然所说的客家话有些差异,但相互间不会出现交流上的困难,因为客家话尽管有许多不同的变体或者说次方言,其基本特征却大体相同。客家历史源远流长,培育了大批对中华民族的文明与进步作出重要贡献的出类拔萃的风流人物,如孙中山、何子渊、黄遵宪、朱德、叶剑英等。

四、客家历史演变的四个阶段

所谓客家人,意指作客他乡之人。专家学者对此曾有"主客说""给客说""时间划分说""自称说"等种种诠释。但无论哪种诠释,其本质都是一致的,即客家人不是原有土著之人,是从外地迁入的。迄今为止,客家人的历史可以说经过四个发展变化阶段。

(一)起源阶段

岭南地区是客家人起源和形成的地方,现在国内和国外各地的客家人,其祖辈都与岭南地区有着渊源关系。客家人的先民是从中原地区来的,所以,研究客家文化和民系的产生,应与岭南地区与中原地区的交往联系起来。

上古时代,岭南地区就有人类居住,但在秦朝之前,与黄河、长江流域相比,岭南地区属于相当落后的蛮夷之地,秦始皇派兵平定岭南之后,中原地区的文化进入了岭南地区,岭南地区的文明才得到了开发。由此可见,秦朝之前不存在中原人向岭南移居的问题,只有秦始皇统一岭南后,岭南地区与中原地区融为一体,南北交往大门正式打开,才使北方人有条件迁入岭南。"赵佗是南下干部第一人",秦始皇平定、治理岭南时的将士戍卒及官吏和他们的家属,是北方人向岭南移居的第一批移民。这批人来到岭南之后不久,中原地区即发生了陈胜、吴广的起义,当时的南海尉赵佗为防岭南地区出现动乱,拥兵关隘,封闭南北通道,建立南越国,自封南越王。南越国存在近百年,来自中原地区的秦朝将士戍卒及官吏和他们的家属只能滞留在岭南地区安居生息。到汉武帝时,南越国归并汉朝,这些人留下的子孙也不可能再回到北方,名副其实地成为作客他乡之人。所以,秦朝是客家文化和客家民系的起源时期,当时所留下的将士戍卒及官吏和他们的家属,是岭南地区最早的客家人。

(二)异变阶段

秦朝的将士戍卒及官吏和他们的家属留居岭南,当时虽然客居他乡,但并不是现在意义上的客家人。一个有一定人口规模、有独特文化特征的独立民系的产生和形成,必须经历过一个漫长的异化演变过程,只有这样,才能既把一个地区的当地人同化过来,又不具移民的全部特征。秦、汉、唐三个朝代,是住在岭南地区的北方人向客家人异化演变的重要阶段。这种演变是以秦朝留在岭南的将士戍卒和他们的家属为主体的,他们以军营为生活圈,有继续保持北方人的语音和生活习俗的群体条件,但他们因长期生活在岭南,不可能不受当地人的语音和生活习俗的影响,尤其是以后随着一些当地人被充实到军队,军队已不再是由纯粹的北方人所组成,当地人的语音和生活习俗也就更多地渗透到军营中,久而久之,这种以北方人为主体的军营生活群体,语音和生活习惯也就有所变化,成为一支既有北方人语音和生活特征,又有所退化异变,不完全与北方人语音和生活习俗相同的独特群体。这种群体的形成,为今后客家民系的最终形成奠定了重要基础。

(三)形成阶段

在中国历史上,有几次大规模的北人南迁,据史料记载,其中一次是三国至南北朝时期,尤其是南北朝"五胡乱华"之时,不少中原人为避战乱而南迁;另一次是隋唐时期,因北方匈奴及其他外部入侵,加上唐末发生黄巢起义,致使大量北人离乡背井,避乱南方;再一次是宋朝期间,先是宋室南迁,由北宋转为南宋,再后来忽必烈派兵驰驱南下,南宋朝廷又从长江边退到广东,许多中原人民和大批的皇室贵宦及商贾文人随朝廷来到了南方;还有一次是元末明初,因政权更换,中原地区的许多民众再一次为避战乱南迁。这几次大规模的北人南迁,可以说,隋唐以前的南迁北人都是以平民为主的,人数居多,却缺乏文化底蕴,宋元之后的北人南迁则不同,他们除了一般平民外,还有不少官宦人家、文人骚客和仁人志士,特别是宋朝,当时中原文化非常繁荣,北人南迁是随官府朝廷不断南移而进行的,他们不仅人来到南方,还带来了浓厚的中原文化。所以,隋唐之前的中原人来到南方,壮大了客家人的数量,但因缺乏文化基础,难以形成自己的特色民系文化。宋元之后,一些望门贵族和文人骚客来到南方,既使客家壮大了规模,又使客家提升了社会地位和文化品位,促使客家民系和客家文化最终形成。据史料考证,客家人正式定称于宋朝,在宋朝的户籍立册中,凡是广府语系和潮州语系的人都列入主册,北方来的人都列为"客籍"。这就说明,客家民系和客家文化最终形成于宋代。

(四)外迁阶段

现在,全国和全世界各地都有客家人,追根溯源,这些客家人都是从岭南地区迁移出去的。其中明清时期是客家外迁的重要时期。客家人外迁有五个原因:一是因生活所迫,为求新的生存空间。宋元之后,岭南地区客家人爆满,但又无法在潮州平原和珠三角地区扩展,只好外迁到其他省份,或漂洋过海到海外谋生。二是为避难而外迁。这方面的因素以太平天国起义失败以后的一段时间为甚,太平天国起义队伍有不少客家人,太平天国失败后许多客家人为避难逃离原籍地,到其他省份的一些穷乡僻壤避难。三是从军从政落居外地。如台湾的客家人,他们的先祖有的是随郑成功收复台湾时去台湾的,有的是随乾隆年间武状元李威光剿海盗时留居台湾的。四是由官府组织外迁。如四川的客家人,他们的先祖多数是清朝"湖广填川"时而迁到四川落居的。五是从商外迁的。明清期间一些客家人到一些地方从商,在一些地方形成了经商群体。

五、畲客关系

(一)服饰文化

客家人是畲族、南越族、闽越族和汉族的民族融合体,最终汉化为汉族而形成的一个新民系,但是依然保持着南越族、闽越族、畲族的习俗特征。作为客家人一个重要源头的畲族在传世文献中有着形形色色的名称,如山都、木客、蛮撩、莫瑶、理、理撩、山越、桐蛮、桐民等等。客家人的服饰,与唐宋时期中原人民的服饰差别甚大,却与畲族服饰类似,显然是继承了畲族服饰文化的成分。

历史文献对于畲族人民的描写,与描写其他蛮撩一样,都说他们"男女椎髻,跣足,衣尚青、蓝色。男子短衫,不巾不帽;妇女高髻垂缨,头戴竹冠蒙布,饰理路状"。这种装饰打扮,与数十年前客家人的装饰打扮几无二致。以妇女发髻来说:"过去客家妇女的辫发很多是盘成高髻的,状如独木舟,谓之'船子髻',系以红绳,插以银簪,髻上可套凉笠,髻端外露前翘,笠沿周围垂下长约五寸的五彩布条,微风吹来,彩条飘拂,确是别有一番风韵。"(王增能《客家与畲族的关系》)把辫发盘成高髻,用红头绳一扎,像独木舟似的,这就是所谓"椎髻";"髻上可套凉笠",笠沿还要饰以五彩布条,也就是所谓"头戴竹冠蒙布,饰理路状"。两相对照,两者之间的一致性真是一目了然。再拿妇女衣着来说,过去"客家妇女穿的是右侧开襟上衣,右襟沿及衫尾四周,缀以花边,宽纹一寸。裤头阔大,裤裆较深,裤脚口亦缀以花边;着的是布鞋,鞋面由两片色布缝成,鞋端略往上翘,状似小船,上面用五彩花线绣了花;身上还系着围裙子,用银链子系结,裙子状如'凸'字,其上半部也绣有花卉或图案,如此等等。逢年过节或串亲戚时脖子上挂着银项圈,手腕上戴着银镯子,打扮起来活像个畲族妇女。"(同上)在衣着的颜色方面,直至几十年前,客家人还特别喜欢一种叫作阴丹士林的布,其颜色正是属于青、蓝色的范围。显然,客家妇女的这种衣着打扮,也是继承了畲族文化的精要。

(二)饮食文化

客家人还继承了畲族的饮食文化。先从饮食的原料说起,客家人很重视的棱米就是畲族饮食文化。杨澜《临汀汇考》卷4（物产考）载："汀人……又有棱米，又名畲米。畲客开山种树，掘烧乱草，乘土暖种之，分黏、不黏二种，四月种，九月收。"说明棱米本为畲民特产，后来却成为汀州客家人的重要粮食作物之一。在饮食习惯方面，客家人喜食和善食薯芋，又盛行"绿荷包饭""竹筒饭"，这也是畲族的饮食文化。例如，唐代柳宗元《柳州峒氓》诗写道："郡城南下接通津，异服殊音不可亲。青箬裹盐归峒客，绿荷包饭趁虚人。"说明"绿荷包饭"是古代百越民族的重要风俗，是"绿荷包饭"源于畲族或畲族先民之一证。

名闻中外的客家人风味小吃"汀州八干"，同样也与畲族的习俗有关。例如宁化老鼠干，把面目狰狞的老鼠制成美味佳肴，在中原人看来是不可思议的，其渊源亦来自古代岭南蛮撩。唐代张文成《朝野金载》记载："岭南撩民好为蜜唧，即鼠胎未瞬，通身赤蠕者，饲之以蜜，钉之筵上，慑慑而行，以着夹取吱之，唧唧作声，故曰蜜唧。"原来唐代岭南的"撩民"早就喜食而且善食老鼠，"蜜唧"就是生吞尚未开眼而喂饱了蜜的小老鼠，这是被文献记载下来的古代蛮撩吃老鼠的方法之一。"岭南撩民"是广大岭南地区的百越人。在张文成的时代，福建属于岭南道，"岭南撩民"自然包括福建的土著民族在内。而当时宁化一带，正是"撩民"最集中的地区之一。包括宁化在内的岭南土著自古就有吃老鼠的习惯，现代老鼠干的产地又正在宁化，说明宁化制作和食用老鼠干的方法，应是客家人继承了畲族先民在内的古代闽粤赣边的土著人的文化。

（三）生产、生活方式

"畲客开山种树，掘烧乱草，乘土暖种之"，是畲族人民惯用的一种生产技术，叫作"种畲"或"畲田"。其起源非常古老，唐代诗人刘禹锡一系列歌咏湖南和广东连山地区"莫摇""蛮撩"的诗歌中多有描述，如《畲田行》写道："何处好畲田？团团缦山腹。钻龟得雨卦，上山烧卧木。……下种暖灰中，乘阳拆芽蘖。苍苍一雨后，若颖如云发。巴人拱手吟，耕耨不关心。由来得地势，径寸有余金。"这正是畲民利用地力，烧山种畲，地力一衰，即行弃去，故而迁徙不定的典型生产和生活方式。又如《竹枝词九首》之九写道："山上层层桃李花，云间烟火是人家。银钏金钗来负水，长刀短笠去烧畲。"这是专写当地土著妇女种畲的，突出了山间环境、装束打扮和使用的工具。所有这些，都与今日畲族的种畲方式相同，而在客家山民的生活中也可见到类似的情形，特别是明清以来有一种称为"棚民"的客家山民，其烧畲、种畲，与畲民已无二致。由此可见畲族生产、生活方式对客家人的影响之深。

（四）猎神信仰

由于狩猎在畲民生活中占有突出的地位，信奉猎神自古以来就是畲族（客家人）的主要信仰之一，客家人普遍信奉猎神。据人类学学者郭志超对福建省南靖县和永定县若干闽客社区所做的民俗宗教调查，南靖县塔下张姓客家人社区和永定县湖坑李姓客家人社区都盛行猎神信仰。塔下是把溪岸一陡立的石壁作为猎射神的象征，"村民认为壁越陡、流越急，'猎射神'越有灵感。出猎前祭祷，猎获后用猎物祭谢。若山里田园遭野兽侵害，亦祭祷'猎射神'。"湖坑则"一半以上的村子里有个'猎射先师'。'猎射先师'的象征或是溪水急流边石壁，或筑一小石坛，坛后立一石。打猎前，在猎神前烧香祷告，猎获后用猎物祭谢，若猎获丰，再用三牲祭谢。若要猎虎、野猪，要在猎神前杀猪祭祷。"

（五）三山国王信仰

三山国王是如今在粤东客家人中影响最大的神祇之一，不少人认为它是客家人独有的神明。但其实粤东的福老人、畲族人民以及从粤东移居台湾、海南岛、东南亚各国的移民都信仰三山国王。如潮安碗窑、山犁、李公坑，饶平石鼓坪，丰顺的畲民都崇奉三山国王神，每年正月都要举行迎送三山国王神的仪式，其中潮安碗窑、山犁畲民还把三山国王神置于必须迎送的诸神之首。而海南省五指山市的民族博物馆黎族馆中，至今还陈列着一面写着三山国王字样的三角形红旗。这些都是畲族、黎族信仰三山国王的明证。从时代特点来看，三山神信仰最初是隋代以俚族为主的粤东土著民族的信仰。而当时粤东的土著民族，应是后来畲族与黎族的共同的先民之一。因此，三山国王信仰也是由畲族传给客家人的。

（六）蛇崇拜

蛇是百越民族的图腾之一。东汉许慎著《说文解字》解释"闽"字说："闽，蛇种。"意思是说属于百越系统的闽越族，是以蛇为图腾的。赣闽粤交界区域古属百越，其中大部分地区还是闽越的范围，这里的土著民多以蛇为图腾，对蛇抱有尊崇、亲切的感情。以汀州为例，长汀县西门外罗汉岭就有一座蛇王宫。古老相传"没有汀州府，先有蛇王宫。"可见这蛇王宫在客家先民到来之前即已存在，它是当地土著民崇拜蛇的物证之一。另外在长汀、上杭二县交界处，有一座灵蛇山，山麓有蛇腾寺，寺庙中塑有蛇神，是美貌的白蛇娘娘形象，也是汀州土著民蛇崇拜的遗迹。汉族本来并没有崇拜蛇的习俗，相反的，一般汉人对于毒蛇猛兽都有一种憎恶和畏惧的情绪。这说明客家人的蛇崇拜，是继承了他们的祖宗畲族的文化，也说明客家人是完全以土著改造演化的民系。

六、客家精神

客家精神的内涵是很丰富的，其核心在于团结和奋进。这在客家迁徙史和客家文化的诸方面都有很突出、很具体的表现。

首先是客家先民自身团结的精神形成了很强的向心力。正是这种向心力使他们在漫长的迁徙过程中把中原灿烂的文明带到南方播衍而不被迁徙地的土著同化。江西赣南、广东梅州的多层围垅屋，永定的土楼，长汀的九厅十八井等典型的客家建筑，既是"世界建筑史上的一枝奇葩"，也是客家人团结奋进的象征。在永定的一些大型土楼内，有石柱雕联、石鼓承柱、雕梁画栋；有天井、花园、假山、盆景、鱼池，美不胜收。甚至还有土楼附设学堂，楼有楼名，柱有雕联，如"振成楼""振纲立纪，成德达才"，教人遵纲纪、重德才，奋发进取。这些文化印记无不闪耀着中原文明崇文尚武、耕读传家的精神光芒。

其次，这种团结奋进的精神特质，还表现在对异族文化的博采和涵化上。客家先民的南迁，是中原的汉人与迁徙地土著长期斗争而又走向团结的过程，并最终形成了共同体。今天的客家，绝不单靠入迁的中原汉人的自身繁衍，而是经过与当地民族融合而发展壮大起来的，也有其他民系迁入客家居地而被同化成了客家人。以客家人为主体的太平天国运动，提出"天生天养和为贵，各自相安享太平"、"天下多男人，尽是兄弟之辈；天下多女人，尽是姐妹之群"的口号，表现出客家人希望与土著居民互相尊重、和睦相处、一视同仁的朴素的民主思想。在客家地区，人们的宗教信仰也是十分宽容和亲善的，儒、道、释以及基督等教可以亲如一家、同居一寺。连刘邦、项羽这对冤家也可合祀一龛接受人们的膜拜。妈祖本是沿海地区人们航行的保护神，客家人也把她请到山乡，作为山乡的保护神。客家文化继承和发扬了中华文化的精华，长期的迁移养成了兼收并蓄取其长、开拓进取不保守的民风，使客家民系具有强大的凝聚力和生命力。

七、客家节日

岁时节令的民俗活动起源很早，如春节，源于上古社会的"腊祭"，"过年"的传统也起源于上古。除过年过节，还有四时节令，以及其他俗信纪念。这些活动表达了人们的善良心灵，特别是随着时代的前进，人们在传承旧俗中，不断摒弃陋俗、继承良俗、增添新俗，使传统的岁时节令民俗活动更加绚丽，展示出中华民族客家人的传统文化风采。

（一）春节

春节俗称"过年"，为客家人盛大而隆重的节日。腊月二十五日"入年架"，家家户户大搞卫生，将房屋内外打扫干净，俗称"扫屋"，并购买新衣、服饰、腊肉、腊肠、糖果等，俗称"办年货"。除夕日上午贴门神对联，午餐后洗澡换新衣，晚餐全家人欢聚一堂，餐桌上摆着丰盛的美味佳肴和美酒，谓之"团年饭"。子夜子时，家家户户鸣放鞭炮烟花，俗称"迎新年"。大年初一，大家早起相互拜年，说恭喜发财、新年如意等吉利话；舞龙队、舞狮队清早出动，敲锣打鼓到各家各户拜年，大家笑脸相迎，并馈赠红包。年初二至年初四，亲朋好友互相串门拜访。大年初七，客家人一般要吃七样菜，即葱、芹、蒜、芫荽、韭、豆腐、鱼，寓意吃后聪明、勤奋、会划算、有缘分、幸福长久、年年富足有余。

（二）元宵节

正月十五日，家家户户吃汤丸，寓意团圆和睦。夜晚，乡村或大户人家往往举办舞狮头、舞龙灯、烧烟架、放烟花等喜庆活动，男女老少簇拥观赏，欢声笑语不断，热闹非凡。

（三）清明节

清明节前后三天的上午，为客家人上坟扫墓的时间。清除墓地杂草后，在坟堂摆上"三牲"等供品，按辈分排列拜祭，先拜祖宗再拜后土。拜祭后，焚烧纸宝，燃放鞭炮，随即辞坟。清明之日，多数人会吃用艾叶、狗贴耳、糯米粉、红糖等精制而成的"清明板"。

（四）端午节

端午节为阴历五月初五，许多客家人会在大门上张贴钟馗像，或把艾枝、桃枝、葛藤挂于门上，俗称"挂青"，即可辟邪驱鬼。家家户户必吃粽子，以纪念屈原。

（五）中元节

中元节为阴历七月十五日，又称盂兰盆节。相传原为佛教节日，释迦牟尼要目连在七月十五日备百味食物，斋供十方诸佛。客家地区超度亡灵的"打莲池"，相传为目连救母演化而来。自1949年至今,客家人已将此佛教节日演化成过"七月半",家家自备丰盛酒菜,亲朋好友串门互访,聚首一堂,开怀畅饮,欲醉方休。

(六)灶君节

客家人传说灶君掌控一家人的饮食与生死祸福,每年腊月二十日,灶君都会升天向玉皇大帝呈告各人平日的善恶功过,玉皇大帝则根据其所奏降下祸福旨意。因此,大家对灶神爷毕恭毕敬,故在阴历八月初二的灶君生日、阴历十二月二十日灶君的上天之日,将美酒和"三牲"摆在灶头上,恭敬地为他祝寿或壮行,希望灶神爷在玉皇大帝面前多多美言、多多赐福。

(七)中秋节

中秋节为阴历八月十五日,客家人称之为"八月半"。家家户户晚上在门坪、庭院或阳台摆茶桌,放上月饼、糕点、花生、茶水、果品等"接月华"、敬"月光",一家人高兴地坐在一起吃月饼、喝香茶和赏明月。

(八)重阳节

秋高气爽的阴历九月初九,俗称"重阳""重九",旧时,放风筝活动随处可见。更多的客家人则喜欢登高,含避灾之意。

(九)冬至节

农历24个节气之一。客家人喜欢在冬至前后吃羊肉煮酒,俗称"冬至羊、夏至狗",认为此时吃羊肉煮酒对身体大有裨益。同时,冬至时多蒸年酒,谓之"冬至酒,留到明年九月九"。所酿之酒珍藏数年成为"老酒",以供款待嘉宾贵客和亲朋好友。

八、客家葬俗

客家人对于丧葬之俗,做得十分周到,甚至过多繁文缛节。客家人祖先崇拜意识很浓,对慎终追远的事十分重视。

旧社会时严袭古制,丧葬全过程禁忌很多,礼仪烦琐,服丧期长,人力资财耗费很大。20世纪50年代以来,旧的礼俗已逐渐被废除。其间虽有一些反复,但丧事简办已相袭成风。

(一)丧礼

当病人弥留之际,其子女即为其换上没有纽扣和衣袋的寿衣,迁至正堂。遇病危者,先移入正堂,病卒后再换上寿衣。男称"正寝",女称"内寝"。在外死亡的尸体,称为"冷尸",运回来只能放在侧屋,不能移入正堂。

(二)"沐浴"

死者家属在未正式成服以前,孝子孝女、媳妇、孙子们,将上衣反穿,腰束麻皮,持壶或碗哀哭着去河溪中向"河神买水",即在河边插上未点燃的香纸,再丢几枚钱币于河中,顺手舀水,不能重舀。回来后至堂上为死者抹脸。

(三)"探青"

"沐浴"后,在堂前挂上孝帘(白帷幕),为死者点燃油灯(称头灯),在孝帘前摆一张八仙桌,置死者神位。孝家儿孙媳妇们开始日夜守孝。按俗择吉日开锣,早晚响锣做孝,亲邻们开始"探青"。"小工"视"探青"者性别,分别以男单女双响锣,内堂孝子、孝女、儿媳们,闻锣声孝男接男宾,孝妇接女宾,跪哭于神桌侧谢亲邻吊奠之情。宾客礼毕时,要扶起孝子孝女。

(四)成服

成服前,要先"入殓",分"小殓""大殓"。"小殓"是将尸体移入棺内,但不封棺。"大殓"是正式入殓,孝子孝女在大殓时,围棺痛哭,上子孙钉,绑子孙线,将棺盖钉紧。已时,先由礼生唱礼。孝子孝女们穿上麻服,由礼生、执事主持,按制先将死者神位移入竹纸糊的"灵屋"内,灵前供果饼等祭品,行业"三献礼",祭告亡灵、祖宗、天地。然后孝子执"孝杖棍",穿麻草鞋或赤足,不能穿鞋袜。一般来宾戴黑袖纱或挂白花。现虽仍有成服礼,但多采用"追悼会"形式,由主持人介绍死者生前美德,引为后人学习怀思。礼毕,孝子孝女们绕柩痛哭,名为"出柩"。

(五)送葬

俗称"还山"。由乡邻敲锣打鼓开道,放单响鞭炮、撒路钱,逢桥过水点燃香纸,执引路火把,拿蓝字白纸灯笼(父死,书"严制";母死,书"慈制")、花圈、挽幛、遗像,孝子端香炉、孝男孝女跟随棺柩。至三岔路口时,孝子孝女们转身向亲友来宾跪谢。亲友来宾避开原路,绕道先回,至大门口跨过"火堆"、喝"拦门酒"以示告别。孝子孝女送葬至墓地埋葬后回来,同样要跨"火堆",喝"拦门酒"。午宴后,来宾逐渐散去,孝家做斋超度亡灵。

(六)做七

从死者去世之日始,每逢七天在死者灵位前敬奉一次果饮食。旧制,七七除服,现在多侍奉至三七除服(也有头七则除服的)。除服那天,孝家亲属各备祭品,到墓地拜祭后,祭品由各人带回。

(七)葬俗

客家葬俗有"一次葬"和"三次葬"两种,绝大多数采用"两次葬","一次葬"多为清代至明代时期的官宦人家的墓葬。而对于客家人"二次葬"的做法,《客家古邑民俗》一书介绍,大多数客家人都很讲究祖先的坟地,厚葬表现为"背祖骨"和"二次葬"。在离乱迁徙中,客家人背上祖先遗骨,以免受异族蹂躏,一旦在安居处找到风水宝地,就将骸骨擦拭干净,置于"金罂"(一种陶缸),重新安葬。这习俗沿袭下来,即使不再迁徙,也会在下葬先人的3年到10年间,重启坟墓,打开棺材,擦拭干净骸骨,贮于"金罂"内,金罂盖内写上死者世系、姓名,再择良辰吉日进行"二次葬"。有条件者,葬入新坟;无条件者,寄放在安全的山间岩洞,或在山坎上挖一小龛寄放。

20世纪50年代以后,我国对丧葬习俗进行了重大改革,各级民政部门专门设立了殡葬管理机构,着力改革土葬,推行火葬。对殡葬仪式也实行改革,50年代开始,改出殡为追悼会,改披麻为戴黑纱白花,改送葬为送花圈,改"理丧客"为治丧小组等,城乡居民大多接受。

九、客家婚俗

客家婚俗是客家文化习俗中较有特色的一种习俗。客家人的婚嫁习俗基本上保留着中原古代的婚俗,"提亲""问名""送定""报日子""送嫁妆""接亲"与中原古代婚俗"六礼"大同小异,程序复杂,礼节讲究。"六礼仪式"向世人展示了一个民族独特的追求幸福的过程。

（一）说亲

男方长大成人，父母便托人做媒，寻访适当人家未婚女。媒婆向女方父母说明男方家庭、男子年龄、品貌等。若女方父母同意，便可进行相亲，这就是当地所谓的"探人家"（客家方言"看家门"）。一般情况下，"探人家"就是女方父母邀请几位至亲内戚前往男方观看郎貌，了解其人品和家境。而男方需设宴款待女方亲人，并赠送红包和礼品。在古代，女方的女儿不参与这一程序。若双方无异议，女方将女儿出生年、月、日、时（俗称"时辰八字"）写在红帖上送往男家，谓"送庚"。男家将"庚帖"放在祖先牌位前，三天内诸事顺遂，则进一步请算命先生"合八字"，如认为"合"，婚姻就算定了。不过近代以来，女子也可以参与到"看家门"这一程式中，这诚然与女性的解放有很重要的关联。

（二）送定（扎定）

说亲成功后，女方父母提出条件，如聘金若干，猪、酒、鸡、鱼若干，橘饼、糖果若干，农村要加上米、豆、粉、面若干；而男方则提出要妆奁若干，此时将由媒婆在男女双方间协调商定。需注意的一点是农村往往用书面形式，即"写婚约"或"写合婚字"，正面写"文字厥祥"，底面写"天作之合"，由双方家长及媒人亲房签字画押，各执一份。这无疑是古代所谓的"父母之命，媒妁之言"的侧面例证。此外还规定：写字时要由男方备办盛宴。如果家境允许，也有规定要由男家请一两桌"订婚酒"。这一仪式结束之后，女子便是男家的人了，其言行皆要遵行一个有夫之妇的准则。古代的广东梅县一带的客家人，男女双方除了一般需送的礼品外，还要送一公和一母两只"兔子"。"兔子"是用猪肚翻个面，塞入米糠制成，再做上耳朵、眼睛，形象逼真。女方收下公的一只，回给男方一只母的。俗谓"过了兔子礼即可吐子吐孙"。

（三）报日子和送聘金

所谓"报日子"，即男方择定"斗床"和接亲的日期后，告知女方。在结婚前的一个月，男方要将聘金送给女方。传统的客家人对聘金的尾数要求是以"九"结尾，图其谐音"久"的吉利，意为两人从此天长地久。女方在男方斗床的时候，要送柚子和木炭到男家，含有平生贵子和暖新房之意，俗称"探子探孙"。也有些地区要求男方要做大肉圆送给女方，并分赠亲朋好友，以示双方已经结缘。

（四）盘嫁妆

按传统的客家风俗，一般人家嫁女的妆奁有五色衫裤、梳妆台、脚桶、尿桶、门帘席、木箱或皮箱等；富贵人家则额外加上绫罗绸缎、被褥、毛毯、金银首饰等，极尽炫耀。在客家婚俗里，送嫁妆的人叫"青娘"，由男方给予红包。嫁妆送到后，男家宴请亲朋"看嫁妆"。盘嫁妆的时间在日间（白天），具体日期因各地而有所不同——城市盘嫁妆的时间是在新娘出嫁的前一天，而农村则多在新娘出嫁的第二天。

在广东及海外客家人中，至今还保留着一种别开生面的"蔬菜嫁妆"之俗。客家女儿出嫁时父母必郑重其事地把一些谐音吉利的蔬菜，如芹菜、大蒜、香葱、韭菜等等，逐样用红绳或红布条捆扎，作为陪嫁，以表示对女儿女婿的美好祝愿。更有趣的是客家还有用"长命草"为陪嫁的习俗。长命草为一株野草，用红绳扎好，陪嫁到夫家，挂在洞房床头竹篮里，第二天栽于菜园中,以示扎根。

(五)接亲与送亲

接亲又称"迎亲",古时这一仪式多在白天进行。男方先要准备猪头、鸡公、鱼及香烛、喜炮,然后到女方家中接亲。俗话说:"破扇子扇扇也有风,破轿子坐坐也威风",为此,"我是花轿抬到夫家的"是旧时妇女一辈子都值得骄傲的事。要注意的是同去接亲的人要双数。女方家中看到接亲人员前来要将大门关住,待接亲者连放三次鞭炮以后,接过蜡烛火种,才开门恭迎。女方要备办酒宴款待接亲者,谓之"无块席",婿郎、陪客稍微动筷,不多吃。出嫁姑娘洗澡后,由媒人和喜娘为之梳妆打扮。女方送客的人也要双数,一般有新人伯娌和新娘的兄弟及其他亲友。出门时,女方父母应回避。到男家后,若入门时候未到,新娘先要在门外等待。入门时,鼓炮相迎,男方父母亦应回避,到拜堂时相见,以避免"相撞"。跨进大门槛时,由厨子杀一只公鸡,叫"拦门鸡"。一些乡间习俗在门槛下放一把斧头,新娘踏着米筛进入新房。

近代以来,一些地区的客家人在迎亲中有"拖青"之俗,即花轿后面有个人拖着一条寓为百子千孙的榕树枝。当花轿在路上遇上别家的花轿时,便按俗规互相调换树枝,双方回祝多子多孙,俗称"换青"。然后各自拖回家中,把榕树枝抛到自家屋瓦背上,借榕树多子之意,有些地方则互换红花。这一风俗至今仍在河源一带盛行。

(六)拜堂与吃面碗鸡、交杯酒

拜堂是结婚最后的仪式,新郎、新娘首先是同拜天地,然后再拜祖宗,最后夫妻相拜。拜毕同入洞房,洞房内点红烛,桌上放着煮熟的鸡、面条和两个鸡蛋,新娘新郎共同进餐,喝交杯酒。这是新娘入门第一次与新郎进食,需选吉时。新床上放的东西有讲究,城关一般是放四个柚子,上贴喜字,"柚子"与"有子"谐音。乡间放一个红斗,装满白米,还有尺秤、算盘、剪刀之类,象征婚后生活富裕,会划会算;另有一盏红灯,取"添丁"之意。

拜完堂后,是宴请宾客,称"喝喜酒",礼节甚为隆重。一般情况下,婚宴设于厅堂,桌位分尊卑。左上为首席,右为次,上坐老人,下陪客。宾客按尊卑、远近、长幼入席,外戚尊,本族卑。新郎须到主要宾客面前恭请并带到规定的席位,奉献碗筷。宴席则由新娘家长礼请宾客。新郎和新娘的母舅为上宾,坐首桌首席。女方来到男家的客人叫"大客",嫁女他们来了,要在门前放鞭炮迎接,他们未到席,不能开宴。新郎要在母舅的首桌执壶,斟酒从母舅开始。

闹房不属结婚仪式,或有或无。一般在宾客宴散以后,一些青年男女亲友进新房与新郎新娘逗乐,要新人说唱捧逗,如新郎抱新娘咬红花(红包)、新郎新娘合吃一颗糖果、唱歌跳舞等。过去还有"坎压油堆"的陋习,就是一个个压到新娘身上。这种现象多少带有人类早期野蛮群婚的遗风,现已革除。过去有些地方因新房狭窄,闹房改在厅堂举行。闹房连续三天,这三天内不分大小,男女老幼均可参加。客家闹房,还受一种观念的支配,认为越闹越吉祥。广东客家人闹洞房的习俗中特别突出说四句,以吉祥、祝福、嬉戏的语言构成押韵四句词,贯穿着整个闹房过程,典雅、风趣。

不少地方旧俗有圆房验贞之陋俗。南方特别是广东一带,在三朝回门时随送烧猪以示新娘贞节完好,新娘得到男家的尊重,女家为此而感到骄傲。"吃烧猪"成了新娘子是否贞节

的代名词。三朝之日新郎伴新娘回门,女方父母翘首盼望,在看到随来的"烧猪"时才放下那颗久悬着的心。女儿是守身如玉的处女,婿家已表示对她满意了,父母才为女儿终身有托而感到欣慰。对此旧俗,清人俞溥臣以诗嘲讽此恶俗:"闾巷谁教臂印红,洞房花影总朦胧;何人为定青庐礼,三日烧猪代守宫。"虽送烧猪,但烧猪被截去尾巴或剥掉猪皮,女家也会视为奇耻。

请三朝:也叫"回门",新娘出嫁后第三天,娘家要设宴席请女儿、女婿。女儿以客人身份回娘家,可坐首席,宴后当众脱去红衫,改穿普通新衣裳。这天不能在娘家住宿,无论远近都要赶回夫家,有的乡间,娘家过几天邀一些亲戚(妇女)至女儿家中做客;有的结婚满月时,做母亲的请女儿回家做满月酒。男女亲家各择定日期,设盛宴互相请酒,谓之"上门"。这些喜庆的余音,可以加强两家之间的往来。

十、客家诞生礼仪

诞生礼仪标志着一个人出生的庆贺和祝福,是人生中的开端礼仪。

(一)催生

婴儿出生前一二十天,母亲娘家要带着鸡、鸡蛋、面条、粉干等来到女儿家"催生",有预祝平安出生之意。如母亲已不在,则由嫂子去催生,中午要设宴招待。

小孩出生后,女婿要带着鸡、蛋、米酒(有的带几十斤)到岳家去报喜,外婆家要请客,至亲好友都会来参加,以表示祝贺。外公、外婆会回赠鸡和红蛋。

(二)做三朝

小孩出生三天,要做"三朝"。先给小孩洗澡,请接生婆吃饭。外婆会送来大公鸡、鸡蛋、面条、糯米粉等。要做"三朝酒",宴请外婆及亲房。有些地方还要给至亲亲友送红蛋,亲友在满月前会回送鸡、鸡蛋、面条等物。

(三)做满月

婴儿出生一个月,要做"满月",外婆会送来大公鸡(很多地方送大阉鸡)、鸡蛋,还会送来婴儿穿用的衣服、小被、帽子、项圈、风衣、裙、银手镯和背带等,舅舅、舅母、姨姨等女家亲戚,一般都送小母鸡、鸡蛋、衣服、布料等,姑姑、叔伯等男家亲房也会来庆贺。

(四)一百天

小孩出生100天,也要庆贺。这一天,外公和女家的伯叔会拿公鸡来庆贺,其他亲属一般都要给婴孩送红包。

(五)做周岁

孩子出生一周岁,要做"周",庆贺孩子"得周"。周岁比满月更为隆重,来庆贺的客人也更多。

十一、客家服饰

客家服饰历史悠久,据史料记载,唐末及两宋时期由于中原战乱南迁,客家先民把优秀的中原文化艺术、人情风俗带到了赣闽粤,并与当地土著风情文化不断交融,形成了由中原文化艺术元素为基础变化发展而来的文化艺术形式,客家服饰也毫不例外地在这时期得到了较全面、充分的传承、发展,创造了简洁大方、舒适耐磨的客家服饰,成为客家传统文化艺术宝库当中的奇葩。

客家服饰的种类繁多,先说衣服,客家人称衣服为"衫裤"。"衫"指上衣,裤指下衣。"上穿大襟衫,下着大裆裤"是客家人最常见的衣着打扮。

大襟衫是客家人男女老少最常穿的上衣,其服装结构的特点是:直领、斜襟、布扣、宽袖、无口袋。客家人的大襟衫按照服装的长度,可分为长衫、中长衫和短衫三类,长短以"行不露臀,坐不露股"为原则。长衫亦称长袍,因衫长至脚踝而得名,多为老年男性天冷时穿。短大襟衫与平常短衫差不多,为便于劳作,又在下摆处开小襟。中长式大襟衫的长度介于长衫与短衫之间,一般长及腿部,多在休闲时如逢年过节、走亲戚、办喜事时穿。一般来说,年轻妇女的大襟衫装饰较多,美观亮丽,中老年妇女的则稍为朴素庄重。

客家妇女服饰

除了大襟衫之外,客家人也穿对襟衫。对襟衫与唐装相似,在前面中间开襟,把前襟平均分为左右相对的两襟,所以称为"对襟"。对襟衫与大襟衫的区别在于,大襟衫是在领下至腋下斜开,前部是为大面襟,而对襟衫则把前襟于中间对开,分为左右两襟。对襟衫多为短装,多为客家汉子劳作时穿着,女子则多用作睡衣或内衣。无论大襟衫,还是对襟衫,都分为夏、冬装,夏装为了凉爽、透气,则是单衫;冬装为了御寒,则用双层,是为夹衫,有的还在中间铺以棉絮,成为棉袄。

与上衣相关联的,就是围裙。客家人的围裙裙身上及胸口、下至膝盖,常用一块花色耐脏的单布做成，多为客家女子劳作时穿着。严格说来，围裙并不是上衣，一般不可单用，常穿于大襟衫表面，是为劳作时防止弄脏衣衫而穿戴的附属服饰。

大裆裤是客家人最为常见的下衣，几乎在各种场合都可以看到。客家人的大裆裤的特点是裤腰、裤腿均宽松、肥大，裤腿直筒裁剪，通风透气，便于上捋下放。这种设计，是为了适应客家人田间劳作的需要，如果紧了，劳作时就不方便弯腰迈腿。

还有一种叫"水裤"的裤子，是客家男人在夏天穿的便裤。这种裤子用较薄的软布做成，长者可及膝盖，短者仅遮臀部，类似现在的平角短裤，不过要宽松得多。

过去客家人不穿"底裤"，但十分注意对腿脚的保暖。即使在夏天，睡觉时也会给腿脚盖上薄薄的被单，以防腿脚受凉。到了冬天，他们还会专门穿上"裤筒"。所谓"裤筒"，其实就是两条裤腿。裤筒的穿法很简单，直接把它套在腿上，为防裤筒滑落，裤筒上端有带子，有的分别绑在腿上，有的则连接系于腰上。客家人之所以注重腿脚的保暖，是怕腿脚受凉，无法胜任常年翻山越岭或在水田里劳作的艰苦生活。

帽子也是衣服的一部分。客家人最有特色的帽子，要数女人夏天戴的"凉帽"和秋冬时期戴的"冬头帕"。

凉帽又称凉笠，与客家地区常见的普通竹篾斗笠相似，只是在帽沿四周缝有布帘。凉帽是客家妇女夏天外出劳作时穿戴，主要起遮阳、防雨之用。"冬头帕"是客家方言，意思是"遮头的手帕"。它由三个部分构成：条帕、抹额和花带。条帕是一块长方形红花布，上端与抹额相接，用以遮盖整个头部；抹额用较厚实保暖的黑布双层折叠而成，围裹在额头处；花带简称带子，上面绣有艳丽的图案，一般有两根，分别缝在抹额的左右两端，主要起固定作用。冬头帕可以包裹住整个头部，一般在天气寒冷时使用，起保暖御寒之用。为了防止头部感受风寒，客家女人在夏天坐月子时也会戴，只是把条帕去掉，仅系戴抹额和花带。

客家人衣着打扮的饰品很多，发簪、手镯、戒指、耳环、头巾、手帕、荷包等等，均是客家人常戴的饰品。饰品多为女子所挂佩，客家男子一般极少穿戴饰品，即使偶有富裕男子镶嵌金牙，佩戴戒指，也被认为是在显摆炫富。客家饰品中的头巾、手帕和荷包等，多为布料做成，上面一般会绣上精美鲜艳的图案，金属饰品则多为银质，金质饰品仅为富裕之家所佩戴。银质饰品的数量之多，文献已有相关记述。

客家人对银质饰品的重视，在女子出嫁的嫁妆中即可窥知。一般的家庭在女儿出嫁时，需置备一套银质饰品，这套饰品至少含有发簪、手镯、戒指、腰链等十余件，甚至连围裙、鞋帽上也饰以银坠、银扣、帐钩、发梳、脸盆等也有用银制的。金银乃贵重之金属，这样丰厚的嫁妆，非一般家庭所能承受得起。父母为了得个脸面，当然更主要是为了女儿嫁入婆家后不受歧视，往往节衣缩食，倾囊而置。

客家服饰是客家文化的表象特征，也是折射其历史的一面镜子。客家服饰的款式结构、首饰佩件、装饰图案，都有一定的意义、一定的来源，形象而含蓄地承载着本民族的历史。客家服饰讲究朴素实用、宽敞简便，在色调方面普遍喜穿素色，尤以蓝、黑、灰色（一说白色）最为流行，质地多为粗布，漂蓝缎乌成衣，自织夏布做帐。也有用夏布做夏衣穿的。这也许就是客家人吃苦耐劳、勤俭节约的体现。

【习题与技能训练】

1. 简述客家人的五次迁徙。
2. 客家民系具有怎样与众不同的婚俗形态和特点呢?
3. 客家人的民俗节日主要有哪些?
4. 客家服饰是什么样的风格?它又象征着什么呢?

参考资料

[1]钟梅英.神游闽西[M].福州:海峡文艺出版社,2002.
[2]陈日源.培田辉煌的客家庄园[M].北京:国际文化出版社,2001.
[3]葛文清.全球化、现代化视角中的客家与闽西[M].北京:燕山出版社,2000.
[4]李迎春、黄素珍等.品味上杭[M].福州:海潮摄影艺术出版社,2007.
[5]黄顺炘、黄马金、邹子彬.客家风情[M].中国社会科学出版社,1993年.
[6]客家人社区:http://www.HakkaOnline.com.
[7]上杭网:http://www.364200.cn.
[8]长汀网:http://www.ctw.cn.

图书在版编目(CIP)数据

闽西旅游 / 李顺芳主编. -- 厦门:厦门大学出版社,2015.8(2023.8重印)
(闽西职业技术学院国家骨干高职院校项目建设成果·旅游管理专业)
ISBN 978-7-5615-5602-3

Ⅰ.①闽… Ⅱ.①李… Ⅲ.①旅游文化-福建省-高等职业教育-教材 Ⅳ.①F592.754

中国版本图书馆CIP数据核字(2015)第133808号

出版人	郑文礼
责任编辑	江珏玙
封面设计	蒋卓群
美术编辑	李嘉彬
技术编辑	许克华

出版发行	厦门大学出版社
社　　址	厦门市软件园二期望海路39号
邮政编码	361008
总　　机	0592-2181111　0592-2181406(传真)
营销中心	0592-2184458　0592-2181365
网　　址	http://www.xmupress.com
邮　　箱	xmup@xmupress.com
印　　刷	厦门市青友数字印刷科技有限公司

开本　787 mm×1 092 mm　1/16
印张　8
插页　2
字数　195千字
版次　2015年8月第1版
印次　2023年8月第2次印刷
定价　26.00元

本书如有印装质量问题请直接寄承印厂调换

厦门大学出版社
微信二维码

厦门大学出版社
微博二维码